고난 설교,

어떻게 할 것인가?

고난 설교, 어떻게 할 것인가

초 판 1 쇄 2022년 8월 30일

지 은 이 서지마
펴 낸 이 황대연
발 행 처 설교자하우스
주   소 경기 수원시 팔달구 권광로 276번길 45, 3층
전   화 070. 8267. 2928
전 자 우 편 1234@naver.com
등   록 2014. 8. 6.

ISBN 979-11-976251-2-1 (93230)

청중을 세우는 고난 설교를 위한 대안 ──────────

고난설교,
어떻게 할 것인가

서지마 지음

●

추천사

정창균

설교자하우스 대표, 합동신학대학원대학교 명예교수, 전임총장

 나는 이 책의 저자와 10년 가까운 세월을 함께 지냈다. 그는 한국 설교학계와 강단의 설교에 크게 기여할 것이 기대되는 학자요 설교자다. 이 책은 몇 가지 점에서 주목을 끈다. 첫째는 한국교회가 고난이 일상화되는 상황에 직면하면서 고난의 문제를 어떻게 설교할 것인가가 중요한 관심사가 될 수 밖에 없는 시점에 이 주제를 다루어주고 있기 때문이다. 둘째는 고난 설교에 대한 학구적 호기심이 아니라, 저자 자신이 경험한 고난과 현장에서 목격한 다른 사람들의 고난에 대한 오랜 고민이 학구적 탐구를 촉발시켜서 이루어진 성과라는 점에서 특별하다. 그러므로 저자의 사고의 근저에는 고난 당하는 현장의 신자들에 대한 공감과 애정이 배어있다. 셋째는 그간의 고난 설교가 가졌던 성경이 말하는 고난에 대한 신학적 설명에 중점을 둔 교리적 해설 설교의 경향을 벗어나 성경 본문에 대한 해석학적 통찰과 청중을 향한

효과적 전달이라는 실천적 고민이 통합된 설교방식을 제안하고 있다는 점에서 이 책은 특별하다. 신자의 고난에 대한 탄탄한 신학적 해석학적 성찰에서 고난을 어떻게 맞닥뜨리며 통과하고 극복하도록 도울 수 있을 것인가를 이끌어낸 설교학적 성과라고 할 수 있다. 고난 설교에 대한 이론과 실천의 절묘한 통합이라고 할 수 있다. 우리의 설교는 성경 본문에 대한 정당한 해석과, 청중에 대한 효과적인 전달을 확보하여 설교의 궁극적인 목적인 청중의 변화를 성취해야 한다는 점에서, 저자가 제시하는 구속사적 내러티브 설교 방식은 단순히 고난 설교만이 아니라 우리의 모든 설교에 중요한 지침으로 작용할 수 있을 것이다. 그런 점에서 모든 설교자들에게 큰 유익을 주는 좋은 안내서가 될 것이다.

추천사

김운용

장로회신학대학교 총장, 예배/설교학

설교자는 목회적 돌봄(pastoral care)뿐만 아니라 고난에 대한 명료한 신학적 답을 주어야 할 과제 앞에 서 있습니다. 말씀에 대한 바른 해석과 선포가 아니라면, 세우라고 보냄을 받았는데, 설교자는 무너뜨리는 자가 될 수 있습니다. 본서는 고난의 문제를 어떻게 설교할 것인가를 설교학적으로 정리한 저서입니다. 저자는 고난에 대한 신학적 이해를 바탕으로 한 구속사적 내러티브 설교를 제안합니다. 설교학적 과제 수행의 기본 틀인 본문의 바른 '해석'과 현장과 연관성(relevance)에 기초한 '전달'이라는 관점을 중심으로 한 제시입니다. 고난에 대한 설교학적 대안으로 제시한 이 관점이 전자는 설교신학적 측면을, 후자는 해석학적, 전달적 측면을 제시한 것으로 볼 때 다소 생소하게 느껴질 수 있으나 젊은 설교학자의 신학적 고민을 제시하면서 공론화한 좋은 시도로 보입니다. 앞으로의 활동이 기대가 됩니다.

상처가 가득한 인생길이기에 하늘의 위로를 전하려는 자에게 가장 필요한 것은 고난을 당하고 있는 사람의 아픔과 상처를 헤아릴 줄 아는 공감 능력입니다. 그래서 주님께서도 "즐거워하는 자들과 함께 즐거워하고 우는 자들과 함께 울라"(롬 12:15)고 했을 것입니다. 상대방을 감싸고 보듬는 좋은 공감 능력도 있고, 약점과 아픈 곳을 정확히 찾아내 분석하고, 교묘하게 후벼 파는 나쁜 '공감' 능력도 있습니다. 후자가 더 강해지면서 요즘 대안공동체여야 할 교회는 상처를 양산하는 자리로, 많은 분쟁과 불화가 있는 공동체로 바뀌고 있습니다. 교회가, 그리스도인들이 본연의 사명을 더 잘 수행하지 않는다면 한국교회는 지금보다 더 빠르게 추락할 것입니다. 이런 상황에서 설교학적 과제를 더 잘 수행하기 위한 중요한 고민을 제시해 준 저자에게 고마움을 전합니다. 이 시대 모든 설교자들의 일독을 권합니다.

추천사

이승진

합동신학대학원대학교 설교학 교수, 목회자연장교육원장

　모든 설교자들이 꼭 해결하고 싶은 간절한 질문이 하나 있다. 신자들이 당하는 고난에 대해서 어떻게 하나님의 말씀으로 위로할 수 있을까? 고난 설교를 어떻게 할 것인가?

　욥의 세 친구들은 고난 당하는 욥의 고통을 더욱 가중시켰다. 지금도 목회 현장에서 욥의 세 친구들처럼 잘못된 고난 설교 메시지로 고난 중에 있는 신자들을 더욱 힘들게 하는 설교자들을 적지 않게 만날 수 있다. 고난 설교는 모든 설교자들에게 뜨거운 감자와 같다. 강단에서 고난을 잘 다룰 수 있겠다고 자신할 수도 없다. 그래서 피하고 싶지만 피하거나 외면할 수도 없는 설교 주제가 고난의 문제다.

　서지마 박사는 기존의 설교학자들이 섣불리 시도하지 않았던 '고난 설교'에 관한 과감한 연구를 시도하였고, 남아공 프리토리아 대학교에서 고난 설교를 주제로 설교학 박사학위를 취득하였다. 본서는 4장으로 구성되었으며, 1장은 고난에 관한 다양한 신학적 접근을 비평적으로 고찰한 다음에 설교학적 신정론을 제시하였다. 2장에서는 구속사적 해석과 구속사적 설교를 다루었고, 3장에서는 내러티브와 내러티브 설교를 다룸으로써 저자가 4장에서 제안하는 구속사적 내러티브 설교의 설교학적 토대를 마련하였다.

서지마 박사가 효과적인 고난 설교의 대안으로 제안하는 구속사적 내러티브 설교는 구속사와 내러티브가 효과적으로 결합한 설교다. 구속사(redemptive history)는 고난 속에 숨어 있는 하나님의 신비한 섭리를 구속사 신학의 관점에서 포착하는 차원을 강조한다면, 내러티브는 그렇게 포착한 하나님의 신비한 섭리를 반전의 깨달음을 추구하는 내러티브 형식에 담아내는 차원을 강조한다. 본서가 설교 현장에서 '설득력 있는 고난 설교'를 준비하려는 모든 설교자들에게 꼭 필요한 설교학적인 통찰을 제공할 수 있기를 바라며 일독을 권한다.

추천사

권 호

합동신학대학원대학교 설교학 교수, 목회대학원장, NEP 하우스 공동대표

인생에는 고난이 있습니다. 고난도 힘들지만 그것을 어떻게 받아들일 것인가는 더 혼란스럽고 고통스러운 과정입니다. 그런 성도에게 하나님의 선하심과 그분의 뜻을 전하며 소망과 회복을 설한다는 것은 결코 쉬운 일이 아닙니다. 서지마 박사의 본서는 이 중요한 주제에 대해 정직하고 정교하게 그 답을 제시합니다. 고난 중에 있는 성도를 생각하는 설교자라면 이 책을 반드시 읽으라고 권하고 싶습니다.

추천사

오현철

성결대학교 설교학 교수, 전 한국복음주의실천신학회 회장

"24시간 중 괜찮은 시간은 한두 시간 되나 나머진 다 견디는 시간이다." "잔액이 부족해서 5만원을 인출할 수 없습니다." 곧 무너져도 이상하지 않을 이 사람들이 버티는 이유는 내 말을 들어주는 사람이 있기 때문이다. 이 책이 그렇다. 책을 읽다 책이 날 듣고 있는 건 아닐까 생각했다. "사람이 온다는 건 그 사람의 일생이 온다는 것이다. 부서지기 쉬운 그래서 부서지기도 했을 그 마음이 오는 것이다." 저자가 그렇다. 책을 읽어나가니 부서지기 쉬운 그리고 부서지기도 했을 그의 마음이 느껴졌다.

"고난은 이해하고 해결하는 게 아니라 깨닫고 수용하는 거다." "고난설교도 본문에 근거해 어떤 신학적 내용을 설교에 담을지 고민해야 한다." "고난으로 인해 하나님께 신음하고 불평하고 씨름하는 모든 과정이 신자의 믿음을 세운다." "고난설교에서 중요한 건 설교자의 공감이고 그보다 중요한 건 고난가운데 함께

하시는 하나님이다." "구속사적 내러티브설교는 하나님의 구속
사역을 강조하는 동시에 회중의 말씀경험을 격려한다." 한국의
Christine Smith 서지마 박사의 책을 통해 회중과 함께 울고 고백
하고 씨름하는 설교자가 많아지길 기대한다.

저자의 말

한국교회는 선교 첫 순간부터 성경 말씀에 철저하게 기반을 두고 세워졌습니다. 그리고 혹독한 고난을 통과하며 자라왔습니다. 그간 세계 교회를 깜짝 놀라게 한 성도들의 헌신과 교회의 성장의 저력은 바로 여기에 연원하는 것이었다고 해도 과언이 아닐 것입니다. 그러나 부흥기를 구가하면서 풍요와 번창의 시기를 지나오는 동안 한국교회는 말씀에서 멀어지기 시작하였고, 고난을 피하여 평안을 구가하기 시작하였습니다. 그 어간에 교회는 점점 교회의 위력과 공적 신뢰를 상실하고 이제는 모욕과 비방, 그리고 개혁의 대상으로 전락하고 말았습니다. 그리고 닥쳐오는 다양한 양상의 고난에 직면하게 되었습니다.

그러나 이러한 상황은 이제 말씀으로 돌아가야만 된다는 절실한 각성과 닥쳐오는 고난을 신앙으로 돌파해야 한다는 믿음 재건의 좋은 기회가 되고 있기도 합니다. 한국교회 강단과 성도들의 절실한 욕구가 하나님의 말씀에 집중하도록 하나님께서 한국교회를 몰아가고 있는 것입니다.

신자가 삶의 현장에서 직면하는 고난의 문제를 어떻게 이해하고, 반응하며, 대처하고, 또 설교자가 성도들이 직면하는 고난을 도와주어야 할 것인가는 막연하게나마 일찍부터 나의 고민거리였습니다. 고난의 현장에 대한 경험에서 시작된 고민이었습니다. 그러다가 합동신학대학원대학교에서 설교학 석사를 마치고 박사과정을 이수하는 중에 지도 교수님인 정창균 교수님의 "앞으로 한국교회는 한동안 고난이 일상화된 세월을 살아야 할 것이며, 설교자들에게 고난의 문제를 어떻게 설교할 것인가가 중요한 문제가 될 것이라는 전망과 통찰에 전적으로 동의하면서 '신자의 고난을 어떻게 설교할 것인가'를 나의 박사 논문의 주제로 삼고 연구를 진행하였습니다. 그러다가 프레토리아 대학교에 유학하여 고난 설교를 주제로 학위 논문을 완성하고 박사학위를 받았습니다.

이 책은 설교자들이 고난 설교를 신학적으로 그리고 설교학적으로 체계 있게 이해하고 또 설교로 실천할 수 있도록 돕기 위하여 나의 학위 논문을 풀어서 단행본으로 엮은 것입니다. 이 책이 나오기까지 도움을 주신 모든 분들께 머리 숙여 감사의 말씀을 드립니다. 먼저, 저의 설교학과 목회의 토대를 세워주신 정창균 선생님께 감사드립니다. 합동신학대학원대학교의 학업과 학교의 설교센터 연구원으로 일하는 동안, 그리고 설교자하우스의 활동을 통하여 지근거리에서 선생님의 가르침과 삶을 통해 목회자로서 가장 중요한 것들이 무엇인지, 그리고 말씀을 전하는 설교자로서 가장 중요한 것이 무엇인지 배울 수 있었습니다. 설교자하우스의 철학처럼 장소가 어디가 되든지, 규모가 얼마가 되든지, 내가 서는 강단에서는 말씀의 능력이 나타나는 설교자가 되기 위해 계속 노력하려고 합니다. 개혁주의 설교학의 기초를 다져주시고, 성경신학적 관점의 해석과 안목을 가르쳐주신 이승진 교수님께 감사드립니다. 강해설교와 장르별 설교의 중요성에 대해 가르쳐주신 권호 교수님께도 감사드립니다. 본서의 추천서를 써 주신 장로회신학대학교의 김운용 총장님과 성결대학교의 오현철 교수님께도 감사드립니다.

저를 위해 늘 기도해주시는 양가 부모님들과 유학 생활 동안의 어려움, 그리고 목회자의 길에서 겪는 다양한 상황들을 함께 버텨주는 사랑하는 아내 최세진과 아들 언, 윤에게도 고마운 마음을 전합니다. 유학에서 막 돌아온 저에게 선뜻 동역을 제의해주시고 저를 품어주셔서 사역의 장을 열어주신 팔송정교회(부산) 손현우 담임목사님과 성도들께도 깊은 감사를 드립니다. 모두 나열할 수 없지만, 저를 위해 늘 한결같은 마음으로 기도해주시고 도움을 주시는 사랑하는 모든 동역자들에게 깊은 사랑과 격려를 보냅니다.

2022년 8월

서지마

CONTENTS

고난설교
어떻게 할 것인가?

서론

죄 때문이라고?

2010년 7월 어느 무더운 여름날, 필리핀 단기선교를 마친 나는 드디어 김해 공항에 도착했다. 그리운 마음을 한 아름 안고 어머니를 찾았지만 약속한 어머니는 보이지 않았다. 저 멀리 아버지께서 홀로 반가이 손을 흔들고 계셨다. 어머니 대신 아버지만 공항에 나오시다니 그 연유가 무척 궁금하였다. 반가운 인사도 잠시, 아버지께서는 급히 짐을 트렁크에 실으셨다. 그리고는 심각한 표정으로 하실 말씀이 있다고 하셨다. 순간 심상치 않은 분위기가 감돌면서 뭔가 예감이 좋지 않았다. 아버지는 사뭇 진지한 어조로 말씀을 이어나가셨다. 어머니가 갑자기 몸이 안 좋아 병원에서 검사를 받아 보니 대장암 4기로 불행히도 그 암이 간까지 전이가 되었다는 것이다. 더 황망한 것은 어머니께서 앞으로 6개월에서 1년 정도만 살 수 있다는 것이다. 아버지는 말씀 내내 계속 우셨다. 아버지가 눈물 흘리시는 것을 보며 이 상황이 꿈이 아니라 현실이란 사실에 기가 막혔다. 난데없이 하늘이 와르르

무너져 내리는 기분이었다.

어머니는 병원에 입원해 계셨다. 뼈만 남은 야윈 팔에 수많은 바늘을 꽂은 채 맥없이 누워계신 어머니를 보니 하염없이 눈물만 흘러내렸다. 어머니는 하나님이 낫게 해주실 것이니 걱정하지 말라고 오히려 우는 아들을 토닥이셨다. 나는 이내 흐르는 눈물을 닦고 어머니를 위로해드렸다. 그리고는 병원 채플실로 부리나케 달려가 하나님께 큰 소리로 따졌다. "하나님, 도대체 어머니에게 왜 이러십니까? 못난 아들 예수 믿게 해달라고 평생 기도하며 산 분이십니다. 당신이 더 잘 아시지 않습니까? 이제야 제가 사역자가 되었는데 이렇게 갑자기 어머니를 데려가시고자 하면 어쩝니까? 하나님, 왜 이런 고난을 주시는 것입니까?"

가슴이 답답하였다. 어찌해야 좋을지 몰랐다. 누군가를 만나 심정을 털어놓고 이야기도 나누고 싶고 도움의 소리도 듣고 싶었다. 간절한 마음으로 사역하고 있던 교회 담임 목사님을 찾아가 어머니가 처한 상황에 대해 모두 말씀드렸다. 담임 목사님께서는 사정을 다 들으신 후 이렇게 말씀하셨다. "자네 어머니가 죄를 많이 지어서 그래. 그러니 회개 기도를 열심히 하도록 해." 순간 귀를 의심했다. 당황해하는 내 낯빛에 목사님께서 다시 한번 분명하게 말씀하셨다. "철저히 회개 기도를 하도록 해." 속에서 불

같은 화가 치밀어 올랐다. 어머니는 한평생 누구보다 충실히 교회를 섬기며 많은 이에게 사랑과 존경받는 분이었다. 그런 어머니를 죄인으로 몰고 병환을 죄 때문이라 하다니. 정말이지 마음을 진정시키기 어려웠다.

이러한 일을 겪은 후, 고난[1]을 남의 일처럼 가볍게 해석하거나 설교하는 사역자가 되지 않아야겠다고 굳게 다짐하고 또 다짐했다. 그러나 그것이 결코 생각만큼 쉬운 일이 아니라는 것을 사역 현장에서 점차 깨닫기 시작했다.

부담감

신대원을 졸업한 후 부산의 한 교회에서 부목사로 사역을 시작한 때였다. 어느 날 수요예배 중에 장로님과 권사님 부부가 급히 한 말을 전해 듣고는 얼굴이 사색이 되어 뛰어나가셨다. 아들

1 　고난(suffering)이라는 용어는 질병이나 신체적인 아픔과 같은 객관적인 측면에서 사용되거나 괴로움이나 슬픔과 같은 주관적인 부분과 관련되어서도 사용된다. 일반적으로 의학에서는 고통(pain)이라는 용어를 선호하지만, 신학에서는 고난(suffering)이라는 용어를 선호한다. 고통과 고난은 동전의 양면처럼 사실상 완벽하게 분리하기 어렵다. 사람은 동물과 달리 단순히 아파할 뿐만 아니라 괴로움을 느낀다. 고난에 처한 자는 불가피하게 고통을 겪으며 고통을 당하는 자 역시 고난이라는 특수한 상태에 놓인다. 그러므로 필자는 고난을 고통과 고난 모두를 포함하는 의미로서 사용할 것이다.

이 교통사고로 현장에서 즉사한 것이다. 교회 모든 성도가 충격에 빠진 채 한 주 내내 함께 애도하며 장례를 치렀다. 공교롭게도 장례를 마친 그다음 주일 오후 예배 설교를 담당하게 되었다. 문득 이참에 그리스도인에게 닥친 고난의 의미와 목적을 설교에서 전하고 싶었다. 설교 본문을 욥기 23장 10절로 정하고 일주일 동안 최선을 다해 준비한 뒤 강대상에 올라가 담대히 외쳤다. "여러분, 오늘 욥의 고백과 같이 우리는 고난 중에 어디로 향해 가는지 모릅니다. 그러나 욥은 고백합니다. 내가 단련을 받은 후에 반드시 순금같이 되어 나올 것이다! 그러니 모든 짐을 하나님께 맡기십시오. 우리도 단련을 통해 순금과 같이 될 것입니다."

눈을 들어 예배에 참석하신 장로님과 권사님 부부를 바라보았다. 서로의 눈이 마주친 순간 무엇인가 싸늘함이 느껴졌다. 장로님과 권사님의 표정은 마치 어머니의 암이 죄 때문이라고 말했던 담임 목사님을 향한 나의 표정과 너무나 닮아 있었다. 당시 나는 목회학 석사 이후 신대원에서 설교학을 공부하고자 부산과 수원을 오가며 학업에 매진하고 있었다. 열정적으로 공부한 만큼 배운 설교 이론들을 적절히 활용하여 고난이라는 어려운 주제를 좀 더 쉽고 재미있게 전할 수 있으리라 생각하였다. 하지만 그것은 큰 착각이었다.

이런 경험은 종종 일어났다. 돌아보면 고난을 설교할 때마다 자주 반복되었다. 사역을 갓 시작한 초년생 때에는 고난에 대해 신학적으로 명확하게 밝히는 것이 무엇보다 중요하다 여겼다. 그러나 고난에 대해 설교하면 할수록 뭔가 부족하다는 느낌을 떨칠 수 없었다. 고난에 대해 목소리를 높일수록 은혜는커녕 오히려 성도들을 시험 들게 하는 것은 아닌지 염려스러웠다. 고난이라는 주제가 점점 어렵고 어떻게 설교해야 할지 부담감은 더해갔다.

많은 설교자도 고난을 이야기할 때 강대상에 오르는 발걸음이 무거운 경우가 종종 있었을 것이다. 고난이란 주제는 결코 쉽지 않은 주제이며 그리 유쾌한 주제도 아니다. 그럼에도 불구하고 설교자는 고난의 주제를 생략하거나 회피할 수 없다. 고난은 반드시 다루어야 할 주제이다. 그리스도인이라 해도 절대 고난에서 자유로울 수 없기 때문이다. 예수를 신실하게 믿어도 삶의 현장에서 여러 양상의 고난들을 맞닥뜨리며 살아간다. 성도들은 설교를 통해 자신이 겪고 있는 고난의 이유와 그 고난에 대처하는 방법을 듣고 싶어 한다. 설교자는 설교를 통해 고난 중에 있는 이들에게 고난에 대한 성경적인 답변(Biblical answer to suffering)을 주어야 한다. 더불어 청중의 마음에 효과적으로(effectively) 전달되도록 고민하고 애써야 한다. 고난 설교는 고난에 대한 강의가 아니다. 단순히 신학적 정보만을 제공하는 것이 아니라 청중의 마음에 다가가는 설교가 되도록 설교 전략을 잘 세워야 한다.

고난 설교를 위한 설교학적 대안

문제는 이러한 고난 설교의 중요성에도 불구하고 고난에 대한 설교학적인 연구가 매우 부족하다는 점이다. 박사 과정에서 고난 설교와 관련 자료를 얻기 위해 미국과 남아공, 그리고 한국의 설교학 논문들을 살펴보았으나 전무후무할 정도로 찾을 수 없었다. 성경신학적 관점이나 조직신학적 관점에서 고난에 대해 다루고 있는 논문들은 많았다. 하지만 특정한 신학적인 관점에서 고난의 주제를 다룰 뿐 고난을 설교하기 위한 효과적인 설교 전략이나 해석학적 방안을 제시한 연구는 찾기 어려웠다.

따라서 필자는 고난 설교를 위한 설교학적 대안으로 구속사적 내러티브 설교(Redemptive-historical narrative preaching)를 제안하고자 한다. 구속사적 내러티브 설교는 본인의 은사이신 정창균 선생님의 설교학적 청사진에 근거하여 해석과 전달이라는 두 가지 관점으로부터 이론을 발전시킨 설교학적 대안이다. 설교학을 공부하면서 은사이신 정창균 선생님으로부터 배운 설교학의 핵심이 바로 해석(interpretation)과 전달(delivery)이라는 두 가지 핵심 과제이다.[2] 아래 그림 1과 같이 설교자는 두 대상을 향해 서

---

2   정창균은 설교의 가장 핵심적이고 중요한 두 가지 과제가 해석과 전달이라고

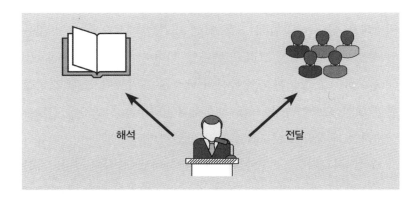

[그림 1] 설교의 두 과제 - 해석과 전달

있다. 이 두 대상은 본문(text)과 청중(the audience)이다. 그림 왼편에서와 같이 설교자는 해석이라는 과제를 통해 본문과 씨름하며 본문에서 전하고자 하는 메시지를 발견한다. 또한 그림 오른편에서와 같이 설교자는 전달이라는 과제를 통해 본문의 메시지를 청중이 듣고 깨달을 수 있도록 효과적으로 전달한다.

고난 설교에서도 해석과 전달이 중요한 요소이다. 구속사적

강조한다. 설교자는 본문 해석의 작업을 통해 본문이 전하고자 하는 메시지를 추출하며 설교의 메시지가 성경 본문으로부터 비롯하였다는 것을 증명한다. 그러므로 본문 해석은 설교의 정당성(validity)을 확보하는 작업이다. 하지만 메시지를 청중에게 효과적으로 전달하는 것 역시 중요한 과제이다. 설교자의 역할은 단순히 본문에서 메시지를 얻는 것에서 끝나지 않는다. 설교의 메시지가 좀 더 청중에게 쉽게 이해되고 와 닿을 수 있도록 끊임없이 고민하며 합당한 전달 방식을 찾아야 한다. 그때 그 설교는 적실성(relevancy)을 가진다. 정창균, 『고정관념을 넘어서는 설교』(수원: 합동신학대학원출판부, 2002), 39.

내러티브 설교는 고난 설교를 위한 대안적 해석으로 성경 고유의 통일성과 유기성, 그리고 하나님 중심적 관점(God-centered perspective)을 강조하는 구속사적 해석을 제안한다. 또한 전달을 위한 대안으로 연속성(continuity)과 움직임(movement)의 전달을 강조하는 내러티브 설교의 플롯을 제안한다.

우선 설교자는 구속사적 해석의 하나님 중심적 중심 사상(God-centered big idea)을 찾을 수 있다. 이러한 하나님 중심적 중심 사상은 성경의 역사가 구속 역사라는 큰 줄기 아래 진행되고 있음을 보여준다. 또한 "그때 그리고 거기"(Then and There)의 고난을 겪던 신자들을 구원하시는 하나님이 "지금 그리고 여기"(Now and Here)의 신자들의 삶에도 여전히 역사하신다는 것을 말해준다.

구속사적 해석의 하나님 중심적 중심 사상은 내러티브의 플롯(plot)이라는 특별한 장치를 통해 효과적으로 청중에게 전달된다. 구속사적 내러티브 설교가 제안하는 플롯은 본문 해석에서 발견한 메시지가 단순히 고난에 대한 신학적 해석만을 제안하는 설교에서 벗어나 고난을 겪고 있는 청중들이 직접 자신의 삶에 역사하고 일하시는 하나님을 찾아가는 설교의 여정(homiletical journey)이 되도록 이끈다. 또한 구속사적 내러티브 설교의 플롯은 특별히 하나님 구원에 합당하게 반응하도록 적용(application)을 플롯의 마지막 과정에 배치하여 내러티브 설교의 한계를 극복하고자 노력하였다.

이 책은 크게 다음의 사항을 다룰 것이다. 첫째, 고난에 대한 다양한 신학적 신정론과 그 한계를 논의하고 설교학적 신정론을 구성하여 제안할 것이다. 둘째, 한국 교회에서 선포되고 있는 고난 설교를 분석할 것이다. 셋째, 구속사적 내러티브 설교의 기초 이론을 구성하는 구속사적 해석과 내러티브 설교의 플롯에 대해 살펴보고 문제점을 논의할 것이다. 넷째, 고난 설교를 위한 설교학적 대안으로 구속사적 내러티브 설교에 대해 살펴보고 설교의 실제를 제시할 것이다. 마지막으로 구속사적 내러티브에 관해 평가할 것이다.

이 책은 본인의 박사 논문을 좀 더 간결하게 편집한 것이다. 지금까지 연구한 내용을 연구 논문 안에만 사장(死藏)하기보다 일반 평신도들과 목회자들이 쉽게 읽을 수 있도록 편집하고자 하였다. 박사 논문을 기반으로 하기에 전문 용어와 복잡한 신학적 개념도 포함된다. 여러 가지로 미흡한 부분이 많을지라도 독자의 애정 어린 비판과 충고를 기대한다. 아무쪼록 이 책이 말씀을 전하는 강단에 도움의 초석이 되기를, 설교자의 가슴에 말씀의 불씨가 지펴지기를, 성도의 마음에 닿을 수 있게 안내하는 좋은 도구가 되기를 간절히 기도한다.

고난설교
어떻게 할 것인가?

1장
———

고난에 대한
신학적 접근과
설교학적 신정론

고난의 다양한 모습

인간은 사는 동안 다양한 유형의 고난을 직접적으로나 간접적으로 경험하며 살아간다.[1] 질병으로 오랜 시간 육체적인 아픔을 겪는 사람이 있는가 하면 가족을 잃어 말할 수 없는 마음의 아픔을 겪는 이도 있다. 사회적인 대참사와 갑작스러운 자연재해로 고난을 겪는 이도 있다.

고난을 설교하기 위해는 성도들이 경험하는 이러한 고난에 대해 바르게 파악해야 한다. 설교자가 성도들이 겪는 고난에 대해 올바른 이해 없이 설교한다면 그 설교는 단순히 고난에 대해 피상적으로 신학적 해석만을 제공하는 일종의 고난 강의가 될 수 있다. 그러므로 먼저 고난에 대한 이해를 위해 이 세상에서 경험하는 다양한 종류의 고난을 종류별로 분류해볼 수 있다. 고난 분류에는 여러 기준이 있으나 여기서는 고난의 원인과 범위, 그리

---

1 Daniel J. Louw, *Meaning in Suffering: A Theological Reflection on the Cross and the Resurrection for Pastoral Care and Counselling* (Frankfurt am Main: Peter Lang, 2000), 11-16.

고 신학적 목적을 기준으로 하여 다음의 네 가지 범주로 제안하고자 한다.[2]

도덕적 악과 자연적 악으로 인한 고난

서구 사상에서는 악(evil)[3]을 도덕적 악(moral evil)과 자연적 악(nature evil)으로 구분하였다. 도덕적 악은 인간이 의도하여 일어난 모든 나쁜 상태이며 자연적 악은 인간이 의도하지 않은 모든 나쁜 상태를 의미한다.[4] 말하자면 도덕적 악은 인간의 악한 성품에 의해 발생하는 악이며 자연적 악은 자연에 의해 발생하는 악이다. 이처럼 고난은 도덕적 악과 자연적 악을 기준으로 분류해볼 수 있다.

---

2   본인이 제안하는 이 범주는 서로 중첩되기도 한다. 이외에도 고난에 대한 다양한 관점과 이해, 그리고 주관적인 이해에 따라 다른 범주로 분류할 수 있다. 고난에 대해 완벽하게 분류하는 것은 사실상 불가능하다. 다만 본인이 제안하는 고난의 범주는 고난을 설교하는 목회자들에게 도움을 주기 위함이므로 고난 분류에 참고하기 바란다.

3   지금까지 서구의 신학사와 철학사에서 논의되어 온 악(Evil)은 그 정의가 명확하지 않다. 본 장에서는 악에 대하여 성경적인 관점에 근거하여 정의하고자 한다. 성경에서는 악을 올바른 목표, 즉 하나님의 뜻과 관련하여 설명한다. 그러므로 본 장에서는 악이란 하나님과 그의 목적에 반대되는 것으로 정의한다.

4   Richard Swinburne, *The Coherence of Theism* (Oxford: Oxford University Press, 2016), 4.

먼저 도덕적 악으로 인한 고난이 있다. 우리 사회에는 살인, 강간, 폭행, 상해, 증오, 따돌림, 소외 등 인간의 악한 본성으로 야기된 도덕적 악이 다양한 방식으로 존재한다. 최근 학교 폭력 중 하나로 왕따가 사회적 이슈가 되었다. 학생이 학교에서 따돌림을 당한다면 그 아이가 경험하는 고난은 이루 말할 수 없는 상처가 된다. 그러나 이것은 따돌림하는 학생들에 근본 원인이 있다기보다 인간의 악한 본성으로 인한 도덕적 악에서 비롯된 것이다. 도덕적 악은 그 범위가 당사자뿐만 아니라 관계된 주변인, 나아가 사회 전체에까지 두루 악영향을 끼친다. 예컨대 자녀가 학교에서 겪는 고난을 인지한 부모와 주변인 모두 힘든 시간을 보낼 수밖에 없다.

자연적 악으로 인한 고난이 있다. 인간은 가뭄, 기근, 홍수, 쓰나미, 태풍, 지진, 각종 질병 등의 자연적 악으로 인해 고난을 경험한다. 자연적 악으로 인한 고난의 가장 큰 특징은 예측이 불가능한 것이다. 현대 첨단 과학 기술이 아무리 눈부시게 발전하여도 온갖 자연재해를 완벽하게 예측할 수는 없다.

문제는 도덕적 악과 자연적 악 사이의 구분이 명확하지 않다는 것이다. 인간의 죄된 본성으로 인해 발생하는 자연재해가 존재한다. 예를 들어, 지구 온난화는 인간의 욕심과 무분별한 자연 파괴로 인한 발생한 것이다. 즉, 도덕적 악에 의한 고난이다. 그러나 모든 자연재해가 도덕적 악의 결과는 아니다. 지진 같은 재해는 인간에 의해 유발된 것이 아니라 땅속의 거대한 암석이 갑자기 부서지면서 발생하는 것이다.

오늘날 서구 근대 철학에서는 도덕적 악과 자연적 악 외에 더 복잡하고 난해한 기준으로 악을 분류한다. 단순히 도덕적 악과 자연적 악이라는 기준으로 모든 고난을 분류하기에는 한계가 있으나 고난의 원인이 인간에게 있는지 자연에게 있는지에 따라 악을 구분하는 것도 좋은 시도이다. 그러나 자연적 악과 도덕적 악의 경계를 명백하게 나누기는 어렵다. 도덕적 악과 자연적 악의 범위를 뛰어넘는 무고한 고난이 있기 때문이다.

무고한 고난

우리 인생에는 고난의 이유를 명확히 발견하기 어려운 무고한 고난(Innocent suffering)이 있다. 하나님의 말씀도 이 세상에 그 의미를 찾을 수 없는 무고한 고난이 존재한다고 가르친다.[5] 예를 들어, 시편은 무고한 고난에 대한 저자들의 기도, 호소, 그리

---

5   Timothy Keller, *Walking with God through pain and suffering* (New York: Penguin Books, 2016), 210-14.

고 간구가 상세히 기록되어 있다. 욥기서 역시 이러한 무고한 고난에 대해 다루고 있다. 성경에서 자신의 부당함을 가장 많이 호소한 사람이 욥일 것이다. 욥은 하나님께 자신이 왜 이런 고난을 당하는지 이유를 알려달라고 부르짖는다. 예레미야와 하박국 같은 선지자도 무고한 고난이 가득한 현실에 대해 인간적인 불만을 신랄하게 토로한다.

무고한 고난은 업보를 강조하는 동양의 카르마(karma)의 가르침과 대조되고 원인과 결과의 관계를 강조하는 인과율적 사고방식과도 충돌한다. 이 세상에는 악한 사람이 선한 사람보다 더유복하고 건강하게 살고 인격적으로 더없이 훌륭한 사람이 의미와 이유를 알 수 없는 고난을 겪기도 한다. 그리스도인 역시 종종 무고한 고난을 경험하며 어떻게 해야 할지 몰라 넘어지고 방황하기도 한다.

이렇게 무고한 고난은 그리스도인의 신앙생활에 좋지 못한 영향을 끼친다. 카슨(D. A. Carson)은 이유를 알 수 없는 무고한 고난이 하나님을 향한 그리스도인의 마음을 흔들어 놓을 수 있다고 말한다.[6] 이성으로 이해할 수 없는 고난을 만날 때 그리스도인

---

6   D. A. Carson, 『위로의 하나님』, 한동수 옮김 (서울: CLC, 2017), 26-27.

들은 하나님의 존재를 의심하며 부정하기도 한다. 갑작스럽게 닥친 무고한 고난 앞에 신앙생활을 중단하거나 포기하기도 한다.

개인적인 고난과 사회적인 고난

고난의 범위에 따라 고난을 개인적 고난(individual suffering)과 사회적 고난(social suffering)으로 분류할 수 있다. 개인적 고난은 특정한 개인이 혼자서 경험하는 고난이며 사회적 고난은 사회나 집단 단체가 공동으로 경험하는 고난이다.

개인적 고난은 세 가지로 분류할 수 있다. 첫 번째는 한 개인이 반드시 겪어야 할 고난으로 살면서 피할 수 없는 보편적인 고난이다, 노화로 인한 질병, 사랑하는 이의 죽음, 부모님의 죽음 등이 이러한 고난에 속한다. 두 번째는 우발적인 고난으로 예측할 수 없이 갑자기 들이닥친 고난이다. 갑작스러운 교통사고, 몸의 질병, 범죄로 인한 피해 등이 여기에 속한다. 세 번째는 신실한 그리스도인이 되기 위한 고난이 있다. 예수께서는 자신을 따르는 자들에게 자기를 부인하고 십자가를 지고 따를 것을 요구하셨다(막 8:34-35). 사도 바울은 그리스도 예수 안에서 경건하게 살고자 하는 자가 도리어 박해를 받을 것이라고 말하였다(딤후 3:12). 이 고난이 일반적인 고난과 다른 점은 개인이 신실한 그리스도인이 되기 위해 스스로 고난을 감수한다는 점이다. 그러므로 이 고난은 그리스도인에게 은혜로 작용한다.[7]

사회적 고난은 도덕적 악과 자연적 악의 관점에서 분류할 수 있다.[8] 첫 번째는 사회에 만연한 도덕적 악으로 인해 발생하는 고난이다. 이것은 사회적 부조리나 구조 때문에 당하는 고난이다. 금융위기, 독재, 권력형 비리, 그리고 권력을 이용한 탄압 등이 여기에 속한다. 두 번째는 자연적 악으로 인한 사회적 고난이다. 이것은 자연재해로 인해 사회 전체가 겪는 고난이다. 쓰나미, 대지진, 대홍수, 유행병 때문에 생긴 집단적인 고난이 여기에 속한다.

이러한 개인적 고난과 사회적 고난은 서로 긴밀하게 연결되어 있어 완벽하게 분류하기 어렵다. 예를 들어, 코로나 바이러스는 피해 당사자 개인에게는 개인적 고난이 된다. 그러나 코로나 바이러스는 인간의 과욕과 탐욕으로 인해 발병한 것으로 개인을 넘어 사회 전체가 함께 겪는 사회적 고난이기도 하다.

---

7   Carson, 『위로의 하나님』, 125-33.

8   정창균, "사회적 고난에 대답하는 설교", 「헤르메네이아 투데이」 53 (2012년 3월): 5.

지금까지 고난에 관한 연구는 주로 개인적 고난에 초점을 맞추어 다루어 왔으나 최근에는 사회적 고난에 대한 논의가 활발하게 진행되고 있다. 그 이유는 누군가의 과실이나 책임과는 상관없는 사회적 고난이 점점 증가하고 있기 때문이다. 현대 사회는 과학과 최첨단 기술의 발달로 말미암아 세계화, 도시 밀집 및 경제 성장을 이루었다. 이러한 급속한 성장의 이면에는 세대 간의 갈등, 지역 간 대립, 자살률 증가, 양극화 등과 같은 여러 가지 문제들이 존재한다.

징벌적인 고난과 교육적인 고난

고난은 신학적 목적에 따라 징벌적인 고난(the punitive suffering)과 교육적인 고난(educative suffering)으로 나눌 수 있다. 징벌적인 고난이란 자범죄[9]에 대한 징벌의 차원에서 발생하는 고난을 의미한다. 즉, 죄에 대한 하나님의 징벌로서 하나님의 정의(justice)와 관련된 고난이다. 성경은 징벌적인 고난에 대

---

9 아담의 첫 범죄(first sin) 이후 모든 인간은 원죄(original sin)를 가지고 태어난다. 원죄로 인하여 완전히 부패(전적부패)하고 완전히 무능력하게 된 인간(전적무능력)은 그 열매로 악한 일을 행하기 시작하였는데 그것을 자범죄(Actual Sin)라고 한다. 자범죄란 마음속에서 이루어지는 의식적인 의심, 욕망, 탐욕 같은 내적인 자질을 가리키기도 하고 속임, 도둑질, 간음, 살인 등과 같은 외적인 행위를 가리키기도 한다. Louis Berkhof, 『벌코프 조직신학』, 권수경 · 이상원 옮김 (고양: 크리스챤다이제스트, 2001), 469-71.

해 말하는데 그 사례는 인과응보를 강조하는 신명기적인 역사관 (신 11:26-28)에서 찾아볼 수 있다. 특히 잠언에는 징벌적인 고난 의 사례로 가득하다. 잠언 30장 17절에는 이렇게 기록되어 있다. "아비를 조롱하며 어미 순종하기를 싫어하는 자의 눈은 골짜기 의 까마귀에게 쪼이고 독수리 새끼에게 먹히리라." 하나님의 말 씀은 부모를 공경하지 않고 학대하는 자에 대한 징벌이 매우 강 하고 엄중할 것이라고 경고한다.

교육적인 고난이란 죄악에 대한 인과응보적인 징계보다는 신 앙적 성장을 위해 허용되는 고난을 의미한다. 인간의 영혼은 심 한 잘못이나 죄를 범할수록 오히려 자기가 그런 지경임을 깨닫지 못할 때가 많다. 이런 경우 하나님이 본래 의도하지 않았던 고난 을 자기 백성을 바른 길로 인도하는 방편으로 적극 사용하신다. 그러므로 교육적 고난은 그리스도인에게 삶의 변화를 촉구하는 경고등으로 작용한다.[10] 성경 역시 하나님이 그의 자녀를 양육하 시려고 연단과 훈련의 고난을 사용하신다고 증거한다(시 119:67; 마 5:15; 벧전 3:17; 히 12:7-11).

징벌적인 고난과 교육적인 고난의 모델은 성경 이야기 속에

---

10   Keller, *Walking with God through pain and suffering*, 329-30.

서 쉽게 찾아볼 수 있다. 사울이 다윗의 질투로 도망 다니는 것은 교육적인 고난에 속하며 우리야의 아내 밧세바를 범한 다윗이 자신의 죄로 인해 고난을 받는 것은 징벌적 고난에 속한다. 그러나 징벌적인 고난의 모델과 교육적인 모델은 그 원인이나 파장이 종종 중첩되는 경우가 많기 때문에 명확히 구분되지 않는 경우도 있다.

고난의 의미에 대한 탐구
: 다양한 신정론들

앞에서 고난을 여러 종류로 분류하였다면, 이제 고난과 관련된 다양한 신학적 입장들에 대해 살펴볼 것이다. 고난과 관련해서 종종 등장하는 특별한 이론이 바로 신정론(Theodicy)이다. 신정론이라는 단어는 17세기 독일 사상가 고트프리드 빌헬름 라이프니츠(Gottfried Wilhelm von Leibniz)가 처음 사용하였다. 그는 악의 주제에 대한 자신의 책을 출판하기 위해 "하나님"(神, θεός)과 "의"(義, δίκη)를 뜻하는 두 헬라어를 합쳐서 신정론이라는 단어를 만들었다. 신정론은 이 세상에 존재하는 악과 고난에 대해 하나님의 정당함을 주장하는 이론이라고 할 수 있다. 신정론의 목적은 이 세상에 존재하는 악과 고난의 문제에 대해 하나님의 의로우심과 선하심을 변호하는 것이다. 즉, 고난에 대한 이유와 의미를 파악하여 악과 고난에 관한 하나님의 역사(God's Work)를 타당하다고 변호하는 것이다.[11] 그러므로 신정론에 관한 논의는 다음의 질문과 연관된다. "고난은 어디서부터 유래되었는가?", "하나님은 고난에 대한 책임이 없으신가?", "하나님은 과연 전능하신가?", "고난의 궁극적인 목적은 무엇인가?"

설교자는 역사적으로 진행되어 온 다양한 신정론의 입장을 올바로 인식하고 분별해야 한다. 성도들의 삶의 현장들 가운데 다양한 고난이 존재하며 그 의미와 목적에 대해 신학적으로 대답해줄 필요가 있기 때문이다. 여기서는 가장 대표적인 6가지 신정론의 주장과 그 문제점을 살펴보고 각각의 신정론을 설교학적으로 평가하고자 한다. 신정론의 범위가 광범위하고 복잡하므로 주요한 개념을 중심으로 살펴볼 것이다.

완벽한 계획 신정론(Perfect Plan Theodicy)

완벽한 계획 신정론은 모든 일이 하나님의 작정과 관련해서 일어난다고 주장한다. 하나님의 작정이란 하나님이 장차 하실 모

---

11   Keller, *Walking with God through pain and suffering*, 144-45.

든 일에 대해 미리 정하신 "영원하신 신적 계획"(Eternal Divine Decrees)이다. 작정 교리는 개혁주의 신학의 매우 중요한 기초이다. 작정은 하나님의 절대적 주권(The Sovereignty of God)과 밀접하게 연관되어 있기 때문이다. 하나님의 영원하신 작정은 우리가 볼 수 있는 것과 볼 수 없는 모든 것의 근원이자 시초이다. 그러므로 고난 역시 하나님의 전체적인 계획의 일부분이다.

성경은 자연에서 일어나는 일과 역사의 전체 흐름, 그리고 개인적인 사건도 하나님의 관여 가운데 있으며 가장 세밀한 사건의 발생까지 하나님이 돌보신다고 증거한다. 웨스트민스터 신앙고백서 3장 1항은 하나님의 작정에 대해 다음과 같이 설명한다.

"하나님은 영원 전부터 자기 자신의 뜻으로 세우신 지극히 지혜롭고 거룩한 계획에 의해 원하시는 대로 앞으로 일어날 모든 일을 변치 않게 정하셨다. 그러나 그 때문에 하나님이 죄의 창시자가 되시거나 피조물의 의지가 강압되거나 하지 않는다. 또한 제2원인의 자유나 우발성은 제거되지 않고 오히려 보장된다."

완벽한 계획 신정론은 신학자 토마스 아퀴나스(Thomas Aquinas)의 이론에 그 뿌리를 두고 있다. 아퀴나스는 하나님의 직접적 섭리와 피조물의 영역에서 작용하는 유한하고 우연한 원인을 통한 간접적 섭리를 구분한다.[12] 하나님의 직접적 섭리는 사물이 하나님의 영원한 질서에 종속되어 있음을 의미한다. 이러한 직접적 섭리는 제2 원인을 통해 간접적으로 작용한다. 그러나 간접적 섭리는 하나님의 직접적 섭리와 영원히 배치되지 않는다. 간접적 섭리도 궁극적으로는 하나님의 직접적 섭리 질서 안에 있기 때문이다.

그렇다면 왜 하나님은 악을 저지하지 못하시는가? 이에 대하여 아퀴나스는 하나님이 악을 "허용"한다고 설명한다. 하나님이 제2 원인의 결함을 허용하시며 인간이 자유의지로 행하는 것을 허용하신다. 고난은 하나님의 작정에 따라 허락된 것이다. 그러나 고난의 책임을 절대로 하나님께로 돌릴 수는 없다. 고난은 더 큰 선(善)을 위한 섭리의 한 부분이기 때문이다. 개별적인 악의 허용이 결코 전체의 선을 방해하지 못한다. 허용은 자유와 우연을 가능케 하지만, 이 모든 것은 보다 근원적인 하나님의 섭리를 이루어가는 도구적 수단에 불과하다. 이러한 견해는 웨스트민스터 신앙고백서 5장 2항과도 연결된다.

"모든 일은 제1 원인, 곧 하나님의 예지와 작정과 관련하여 볼 때

---

12   Thomas Aquinas, 『신학요강』, 박승찬 옮김 (파주: 나남 출판사), 247.

불변하게 그리고 틀림없이 확실하게 일어납니다. 그럼에도 불구하고 하나님이 동일한 섭리에 의해 제2 원인의 성질에 따라서 모든 일이 필연적으로 자유롭게 또는 우발적으로 일어나도록 명하십니다."

그러나 완벽한 계획 신정론에 대한 비판도 있다. 첫 번째는 자연적 악에 대한 비판이다. 이 세상에서 발생하고 있는 자연적 악은 완벽한 신정론에 대해 의구심을 불러일으킨다. 예를 들어, 기근, 지진, 쓰나미, 태풍, 홍수 등과 같은 고난이 왜 하나님의 계획 가운데 포함되어 있는지, 그리고 왜 이러한 고통스러운 방법으로 목적을 성취하셔야 하는지에 대한 지속적인 비판이 있다.[13] 이러한 비판은 세상의 모든 일이 하나님의 계획 가운데 이루어지기 때문에 고난에 대한 하나님의 책임을 배제하기 어렵다고 주장한다. 두 번째는 하나님의 선하심에 대한 비판이다. 이 비판은 고난을 허락하기로 예정해 놓은 하나님을 최고로 선하신 분이라고 할 수 있는지에 대한 것이다.[14] 모든 것이 하나님의 작정에 따라 진행된다면 하나님은 자신의 영원한 작정 속에 모든 것을 진행하

---

13   Richard Rice, *Suffering and the Search for Meaning: Contemporary Responses to the Problem of Pain* (Downers Grove,IL: InterVarsity Press, 2014), 68-69.

14   박영식, 『고난과 하나님의 전능: 신정론의 물음과 신학적 답변』(서울: 동연, 2019), 111.

시고 세계를 무한히 긍정하며 관망하는 존재일 뿐이라는 것이다. 즉, 하나님은 영원의 관념 속에서 계획해 놓은 것들이 진행되는 것을 그저 구경꾼처럼 지켜보고 있을 뿐이라는 것이다.

설교자는 고난을 하나님의 뜻이나 계획이라고 단순하고도 직설적으로 설교하지 않도록 주의해야 한다. 직설적인 설교는 고난 가운데 있는 사람에게 아픔과 상처를 더욱 가중시켜 하나님의 선하신 섭리를 오해하게 한다. 설교자는 고난을 하나님의 뜻이나 계획으로 설명하는 것에서 멈추지 말고 하나님의 섭리와 은혜, 그리고 궁극적 승리와 같은 하나님의 작정 중에 담긴 소망을 보도록 선포해야 한다. 즉, "현재의 고난은 장차 우리에게 나타날 영광과 비교할 수 없도다"(롬 8:18)라고 소망을 전하는 설교학적 지혜가 필요하다. 그러한 선포는 청중이 고난 속에서도 낙심하지 않고 소망 가운데 살아갈 수 있도록 돕는다. 예를 들어, "사랑하는 성도 여러분, 우리는 오랜 시간 코로나 가운데 힘든 시간을 보내고 있습니다. 그러나 코로나 역시 하나님의 계획 가운데 있습니다. 하나님이 코로나라는 아픔과 고통을 통과하도록 계획하셨습니다. 그러니 이 시간을 잘 통과하도록 기도합시다."라고 직설적으로 설교하는 것보다 "사랑하는 성도 여러분, 우리 모두 오랜 시간 코로나 가운데 힘든 시간을 보내고 있습니다. 그러나 그 가운데 하나님의 뜻하신 바가 있다고 믿습니다. 하나님이 이 시간을 통해서 우리 교회에 계획하신 바를 이룰 것입니다. 이 고난의 시간 뒤에 우리 모두는 하나님의 놀랍고 비밀스러운 일을 보게 될 것입니다."라고 설교하는 것이 더 효과적이라는 것이다.

자유의지 신정론(Free Will Theodicy)

고난에 대해 완벽한 계획 신정론은 하나님의 뜻 안에 있는 것으로 주장하고 자유의지 신정론은 하나님의 뜻 밖에 있는 것으로 주장한다. 자유의지 신정론은 전능하신 하나님이 고난을 없애지 않으시는 것에 대해 자유의지(free will)로 변론한다. 하나님이 첫 인간인 아담과 하와에게 자유의지를 주셨고 그들에게는 모든 것을 결정할 수 있는 선택권이 있었다. 그러나 그들은 자신들의 자유의지를 오용하였고 결국 하나님의 말씀에 불순종하였다. 이러한 불순종으로 죄가 생겼으며 죄의 결과로 고난이 초래되었다. 성경은 이것을 "육체 안에 있는 삶" 또는 "아담 안에 있는 삶"이라고 부른다(롬 5:14; 8:8-9; 고전 15:22). 이는 하나님과의 연합으로부터 분리된 삶이며 사랑이 아닌 심판 안에서 사는 삶이다.[15]

---

15   Gregory A. Boyd, *Satan and the Problem of Evil: Constructing a Trinitarian Warfare Theodicy* (Downers Grove,IL: InterVarsity Press, 2001), 38.

자유의지 신정론을 주장하는 이들은 인간의 범죄를 근거로 고난이 하나님이 의도하신 것이 아니라 오히려 인간이 자유를 잘못 사용해서 생긴 결과라고 주장한다. 어거스틴(Augustinus)은 악의 원인과 책임이 하나님께 있는 것이 아니라 자유의지를 지닌 인간 자신에게 있다고 설명한다. 하나님은 인간이 만든 죄와 그 죄로부터 유래한 고난들에 대해 아무런 책임이 없다는 것이다. 즉, 하나님은 고난의 가능성에 대해서는 책임이 있지만, 고난의 현실성에 대해서는 책임이 없다는 것이다. 어거스틴은 범죄 이후에 주어질 은혜라는 관점에서 하나님의 전능하심을 변호한다. 전능하신 하나님이 예지(미리 아심)를 통해 인간이 죄를 범할 줄 아셨지만, 죄를 범하도록 강요하신 것은 아니다. 오히려 하나님이 이 모든 것을 아시며 이 모든 것을 다 이끌어 궁극적인 승리로 이끄신다. 그러므로 하나님은 전능하시며 동시에 선하시다.[16] 이런 점에서 자유의지 신정론은 완벽한 계획 신정론과 비슷한 면이 있다. 그러나 완벽한 계획 신정론은 고난을 하나님의 작정 안에 있는 것으로 설명하고 자유의지 신정론은 고난을 인간의 잘못으로 설명하는 차이가 있다.

자유의지 신정론에 대한 비판은 모든 고난을 단순히 자유의

---

16   박영식, 『고난과 하나님의 전능: 신정론의 물음과 신학적 답변』, 72-73.

지의 결과로만 설명한다는 것이다. 그러나 도덕적 악은 자유의지로 설명할 수 있지만, 자연적 악은 그렇지 못하다. 자유의지 신정론을 주장하는 신학자들은 자연적 악이 인간이 자유의지를 남용하여 일어난 타락의 결과라고 반박한다. 그러나 이러한 반박은 마치 하나님이 자유의지로 인한 결과들을 통제할 수 없는 것처럼 보이게 한다. 성경은 하나님이 역사 속에서 인간의 자유의지와 그 행동에 대한 책임을 침해하지 않으시면서도 주권적으로 인간의 선택을 이끄신다고 증거한다.[17] 따라서 자유의지로 모든 고난을 설명하는 것은 하나님의 섭리와 주권을 제한하는 결과를 초래한다. 티모시 켈러(Timothy Keller)의 지적과 같이 하나님이 고통스럽고 비참한 고난을 허락하시는 목적이 있다면 적어도 선택의 자유라는 차원을 넘어서는 무언가가 되어야 한다.[18]

설교자가 자유의지 신정론에 대한 신학적 이해를 가지는 것이 중요한 이유는 다음과 같다. 첫째, 고난의 책임과 관련해서 하나님을 비난하는 것을 막을 수 있다.[19] 둘째, 청중에게 죄에 대한 경각심을 준다. 자유의지 신정론은 죄의 결과가 무서운 것이며

---

17   Carson, 『위로의 하나님』, 177-203.

18   Keller, *Walking with God through pain and suffering*, 150-51.

19   Rice, *Suffering and the Search for Meaning*, 84.

성도들이 죄를 멀리하는 것이 얼마나 중요한지 깨닫도록 돕는다.

한편 설교자가 조심해야 할 점은 고난을 단순히 죄의 문제로만 치부하는 것이다. 고난을 그저 죄의 징벌로만 설교하면 청중들은 마음의 문을 닫을 수밖에 없다. 성경에서도 고난을 죄의 문제로만 접근하는 것을 조심하라고 경고한다. 요한복음 9장에서 예수님은 제자들과 함께 길을 가시다가 나면서부터 앞을 보지 못하는 사람을 만났다. 제자들은 예수님께 앞을 보지 못하는 것이 그 사람의 죄 때문인지 아니면 부모의 죄 때문인지 물었다. 이것은 고난이 죄의 결과라는 고대 유대인들의 전형적인 사고에서 유래한 질문이다. 하지만 질문의 기저에는 고난의 원인을 당사자들에게 돌림으로써 타인의 고난에 대한 책임으로부터 자유로워지고자 하는 속내가 숨겨져 있다. 그러므로 고난 당하는 사람을 더욱 비참한 운명으로 몰아넣는 결과를 낳는다. 예수님께서는 그의 고난이 개인의 문제가 아니라 하나님의 일을 드러내는 계시의 매개체가 된다고 말씀하신다. 이처럼 예수님은 사람들로 하여금 고난의 원인보다 목적에 주목하게 하셨다. 설교자의 고난 설교 역시 마찬가지이다. 청중이 겪고 있는 고난을 죄와 관련하기보다 고난 뒤에 숨겨진 하나님의 목적을 발견하도록 이끄는 것이 필요하다. 예를 들어, "오늘 우리가 경험하는 이 모든 고난이 죄로 인해 온 것입니다. 이 고난을 해결하기 위해 이제 죄로부터 멀리하십시오. 회개하십시오."라고 설교하는 것보다 "오늘날 우리는 죄로 인해 힘들게 살아가고 있습니다. 고난의 시간은 너무나 괴롭습니다. 때로는 신앙도 포기하고 싶을 정도로 마음이 아픕니다. 서럽게 울다 지쳐 하나님이 원망스럽기도 합니다. 그러나 고난은 결코 고난으로만 끝나지 않습니다. 분명히 하나님이 계획하신 바가 있습니다. 하나님은 반드시 그 계획을 이루실 것입니다. 그러니 소망 가운데 죄를 멀리하고 다시 믿음으로 하나님의 은혜를 구합시다."라고 청중의 마음을 어루만지며 공감해 줄 때 고난도 하나님의 계획이라 받아들이며 소망 가운데 넉넉히 견뎌낼 수 있는 것이다.

영혼 형성 신정론(Soul-making Theodicy)

영혼 형성 신정론은 우리를 성숙시키기 위해 고난이 필요하다고 주장한다. 영혼 형성 신정론은 우리가 고난을 통해 더욱 성장할 수 있을 뿐만 아니라 고난이 그리스도인의 성장에 절대적으로 필요하다고 강조한다. 그리고 인간을 충만한 잠재력을 가진 미성숙한 자로, 인간성의 충만한 완성을 향해 먼 거리를 순례해야 하는 존재라고 간주한다. 인간은 형이상적으로 불완전한 존재라고 본다. 그러므로 인간은 구체적인 삶의 여러 상황 속에서 책임감을 가지고 올바른 결정을 내려 "긍정적이고 신뢰할 만한" 성품에 이르러야 한다.[20] 영혼 형성 신정론은 고난을 인간이 무엇인가를 배우고 윤리적 덕(moral virtues)을 개발할 수 있는 기회로 보며, 이 세상을 인간이 하나님을 만나고 성장해서 빚어져 가는 수단으로 바라본다.[21]

고난에 대해 이러한 신학적 입장을 발전시킨 사람이 종교 철학자 존 힉(John Hick)이다. 존 힉은 리옹의 이레니우스(Irenaeus of Lyons)의 신정론을 재구성하며 "영혼 형성 신정론"을 제시한다. 인간이 본래 완전히 중립적인 자유의지를 가진 완벽한 존재라 믿었던 어거스틴과 달리 이레니우스는 인간이 완벽하지 않은 존재라고 주장한다. 완벽함은 인간 존재의 시작이 아니라 끝이며 고난은 인간이 완벽함에 도달하는 과정에서 매우 중요한 역할을 한다.[22] 힉은 완벽한 계획 신정론이나 자유의지 신정론과 같은 전통적인 신정론이 지나치게 신화적이라고 주장하였다. 그는 전통적인 신정론이 과학적, 도덕적, 논리적으로 옳지 않다고 비판하였다. 또한 인간의 창조가 가진 "존재론적 불완전함"(ontological imperfection) 즉, 불완전하고 성숙하지 못함을 내세우며 "영혼

---

20   John Hick, Evil and the God of Love (London: Macmillan, 1977), 255-56.

21   Keller, *Walking with God through pain and suffering*, 145.

22   Hick, *Evil and the God of Love*, 211-25.

형성"이라는 과정으로서 고난이 필요하다고 말한다.[23]

영혼 형성 신정론은 어떤 점에서는 완벽한 신정론의 주장과 비슷하고 어떤 점에서는 자유의지 신정론의 주장과도 비슷하다. 영혼 형성 신정론은 완벽한 계획 신정론에서 주장하는 것과 같이 고난을 하나님의 계획의 한 부분으로 간주한다. 또한 자유의지 신정론과 같이 불완전한 인간의 선택으로 인해 죄가 시작되었다고 선언한다. 그러나 영적 형성 신정론은 앞의 두 신정론과 다르게 고난을 통한 영적 성숙을 강조하면서도 모든 고난이 영혼 성숙을 돕는다고 주장하지는 않는다. 우리의 영적 성숙을 돕는 고난도 있고 그렇지 않은 고난도 있다고 말한다. 영혼 형성 신정론은 완벽한 계획 신정론과 같이 모든 고난 뒤에 하나님의 뜻이 있다고 보지는 않는다. 즉, 영혼 형성 신정론은 고난을 하나님의 뜻이라고 하기도 하고 그렇지 않다고 하기도 한다.

영혼 형성 신정론에 대한 첫 번째 비판은 고난을 통과해서 도

---

23 사실 신정론은 엄격히 말해 18세기부터 논의된 주제이다. 2세기에 활동했던 이레니우스는 신정론에 대해 전혀 알지 못했고 관심도 없었음이 분명하다. 힉은 단순히 이레니우스의 글로부터 사유와 주제를 뽑아내어 이것을 신정론이라는 현대적 질문에 대한 답으로 종합했다. 따라서 비평가들이 지적하는 것과 같이 영혼 형성 신정론은 사실상 이레니우스의 것이 아니라 힉의 것이라고 평가하는 것이 타당하다.

달해야 하는 완벽한 인격이 무엇인지, 과연 완벽한 인격에 도달할 수 있는지에 대한 점이다. 고난이 영적 성숙과 연관되어 있다는 영혼 형성 신정론의 주장은 인간 경험에 비추어 볼 때 그다지 지지를 받지 못한다. 사람이 실패와 좌절을 반복적으로 경험하다 보면 성숙해지기보다 오히려 인격 성장에 해를 입을 때도 많다. 또한 켈러의 지적과 같이 어떤 사람들은 이미 영혼 형성에 필요한 수준을 훌쩍 뛰어넘을 만큼의 혹독한 시련을 겪기도 한다.[24] 이러한 현실은 영혼 형성의 의미와 효력, 그리고 영혼 형성에서 말하는 인격에 대해 자연스럽게 의구심을 가지게 한다.

두 번째 비판은 모든 고난이 성숙이라는 목적을 성취하기 위해 정당화될 수 있느냐는 점이다. 즉, 세상에서 발생하는 엄청난 고난들을 단순히 영혼 형성의 입장에서 모두 설명할 수 없다는 것이다. 어떤 형태의 고난들은 너무나 끔찍하고 심각해서 영혼 형성의 개념으로 설명하기는 부족하다. 예를 들어, 육백만의 유대인이 살육당한 홀로코스트(Holocaust)와 같은 인류 최대의 비극을 단순히 영혼 형성의 입장에서 해석하여 설명하기란 쉽지 않다. 토마스 롱(Thomas Long)은 고난이 영혼을 빚기 위해 하나님이 창조의 일부로 주신 도구라고 주장할 때 거기에 아무리 아름

---

24 Keller, *Walking with God through pain and suffering*, 146.

다운 조화를 이루는 종말론이 가미되었다고 해도 기독교적이라고 할 수 없다고 지적한다.[25]

설교자가 영혼 형성 신정론에 대한 신학적 이해를 가지는 것은 고난을 통한 신앙의 성숙을 강조할 때 도움이 된다. 한국 교회의 고난 설교 중 실제로 가장 많이 강조하는 것이 고난을 통한 영적 성숙이다. 설교자는 하나님이 백성을 징벌하기 위해 고난을 주시는 것이 아니라 그들을 더욱 성장시키고자 고난을 허락하신다고 강조할 수 있다. 이러한 강조는 청중이 고난을 이길 수 있는 힘을 부여받아 고난을 통해 더욱 신앙적으로 성장할 것을 기대하도록 이끈다.

그러나 고난의 모든 부분을 성숙과 연관시키는 것은 주의해야 한다. 본문에서 신앙 성장과 연관성이 없는데도 불구하고 고난을 영적 성숙과 관련시킨다면 이는 설교자 자신의 의도일 뿐이다. 우리 삶은 다양한 종류의 고난을 마주한다. 심판이 되는 고난도 있고 인내와 연단의 훈련 과정으로서의 고난도 있으며 도저히 이해할 수 없는 하나님의 주권적인 고난도 있다. 그러므로 영

---

25   Thomas G. Long, *What Shall We Say?: Evil, Suffering, and the Crisis of Faith* (Grand Rapids, MI: W.B. Eerdmans Pub, 2011), 142.

적 성숙과 관련된 고난 설교를 할 때 그리스도인의 신앙 성장과 고난에 대해 명백하게 기록된 성경 본문을 선택하는 것이 중요하다. 예를 들어, 야고보서 1장 2절부터 4절 말씀은 그리스도인이 겪는 믿음의 시련과 그러한 시련을 통해 맺어지는 성숙함에 대해 설교하기에 적절한 본문이다. 설교자는 다음과 같이 설교할 수 있을 것이다. "사랑하는 성도 여러분, 오늘 본문은 우리 그리스도인들에게 믿음의 시련이 있다고 말씀하고 있습니다. 이 믿음의 시련이 우리 안에 인내를 만들고 우리를 온전하고 구비하여 조금도 부족함이 없게 만든다고 말합니다. 그렇습니다. 예수 믿는 것 때문에 우리 그리스도인에게는 여러 가지 믿음의 시련이 있습니다. 그러나 기억하십시오. 이 믿음의 시련은 우리를 더욱 성장하도록 만듭니다. 그러니 고난 가운데 함께 인내합시다!"

우주 갈등 신정론(Cosmos Conflict Theodicy)

우주 갈등 신정론은 사탄의 능력이 고난을 만드는 원인이라고 주장하는 신정론이다. 우주 갈등 신정론은 하나님의 대적들, 즉 사탄과 사탄의 추종자들이 세상을 고난과 질병과 죽음이 가득한 환경으로 바꾸어버렸다고 주장한다. 그러므로 하나님은 고난에 대한 책임이 없으시다. 성경은 사탄을 가리켜 공중 권세 잡은 자이며(엡 2:2), 우는 사자(벧전 5:8)라고 표현한다. 사탄은 우리를 향한 하나님의 뜻을 훼방하기 위해 우리의 삶을 어렵고 힘들게 만든다.[26] 이러한 사탄의 모습을 가장 잘 보여주는 것이 욥기이다. 욥기 1장은 욥에게 닥친 고난이 사탄으로 인한 것이라고 분명히 밝힌다. 우주 갈등 신정론은 자연적 악과 같은 것은 없다고 주장한다. 오늘날의 자연은 사탄이 이 세상에 관여한 직접적 혹은 간접적 결과인 것이다.[27]

우주 갈등 신정론을 주장하는 대표적인 사람이 그레고리 보이드(Gregory Boyd)이다. 보이드는 「God at War: The Bible and Spiritual Conflict」에서 자신의 신학적 입장을 "삼위일체 전쟁 세계관"으로 소개한다.[28] 그는 개신교 신학이 지지했던 완벽한 계획론을 전통적인 청사진적 세계관이라고 요약하며 그러한 세계관이 결국 고난의 원인을 하나님께 돌렸다고 비판한다. 그는 자신이 주장하는 전쟁 세계관이 다른 모든 대안적인 신정론들보다 우수하다고 주장한다.[29] 보이드에 의하면 성경의 저자들은 전쟁 세계관을 가졌으며 믿음의 사람들에게 고난은 전혀 혼란스러운 것

---

26 Rice, *Suffering and the Search for Meaning*, 122-23.

27 Boyd, *Satan and the Problem of Evil*, 247.

28 보이드는 후에 *Satan and the Problem of Evil: Constructing a Trinitarian Warfare Theodicy*에서 자신의 신정론을 "삼위일체 전쟁 신정론"(Trinitarian Warfare Theodicy)이라고 소개한다.

29 Boyd, *Satan and the Problem of Evil*, 22-23.

이 아니었다고 말한다. 그들은 악한 능력자의 존재를 잘 알고 있었고 오히려 삶의 고난에 대한 원인을 하나님이 아닌 사탄에게 돌렸다. 그러므로 보이드는 "왜" 그리고 "왜 굳이 나인가?"라는 두 가지 질문은 하나님과 세상의 관계를 전쟁 세계관으로 바라볼 때 해결된다고 제시한다.

우주 갈등 신정론은 고난의 모든 원인을 사탄에게 돌리는 것을 목표로 한다. 신자가 고난 당하는 것은 하나님과 사탄의 영적 전쟁으로 인한 것이기에 고난에 대한 구체적인 이유나 목적을 굳이 찾을 필요가 없다. 오히려 악의 세력에 대항하여 하나님의 사역에 동참하고 사탄을 쫓아내는 일에 헌신하여야 한다.[30] 그런 이유로 우주 갈등 신정론은 영적 전쟁(spiritual war)을 매우 중요하게 생각한다. 신자가 살아가는 삶의 현장은 영적 전쟁터이며 신자로서 산다는 것은 하나님의 대적들과의 전쟁에 참여하고 악의 세력에 저항하는 것이다.[31]

우주 갈등 신정론에 대한 비판은 다음과 같다. 첫 번째 비판은 사탄이 하나님의 통치에 위협이 된다는 주장이 하나님의 전

---

30   Richard Rice, *Suffering and the Search for Meaning*, 123.

31   Boyd, *Satan and the Problem of Evil*, 269-93.

능과 절대적 주권에 비추어 볼 때 불가능해 보인다는 것이다. 창
조된 존재가 창조주에게 심각한 도전이 될 수 있는가? 창조된 존
재가 하나님이 자신들을 멸망시킬 수 있다는 것을 뻔히 알면서
도 창조주와 싸우는 이유가 무엇인가? 만약 그것이 가능하다면
사탄은 결국 무엇을 얻는가? 우주적 갈등이라는 개념 앞에 우리
는 이러한 질문들을 던져볼 수 있다.[32] 그러나 우주 갈등 신정론
은 명확한 답을 제시해주지 못한다. 두 번째 비판은 우주 갈등 신
정론이 하나님의 전능하심을 왜곡할 수 있다는 것이다. 하나님은
항상 자신의 의지대로 행하실 수 있는 분이 아니다. 하나님은 세
상에서 일어나는 모든 상황을 완벽하게 통제하시는 것도 아니다.
하나님의 뜻은 종종 사악한 우주적 세력에 의해 방해받고 있다.[33]
그렇다면 과연 하나님이 피조물의 찬양을 받을만한 가치가 있는
가? 하나님이 전능하지 않으시다면 신자들이 하나님의 승리와
인도하심을 어떻게 확신할 수 있겠는가? 이와 같이 우주 갈등 신
정론의 주장은 성경에 계시된 하나님의 전능하심에 심각한 도전
을 제기한다.

---

32   Rice, *Suffering and the Search for Meaning*, 132-33.

33   Boyd, *Is God to Blame?: Beyond Pat Answers to the Problem of Suffering*
(Eastbourne: Kingsway Communications, 2004), 27.

우주 갈등 신정론에 근거한 고난 설교는 하나님을 비난하는 것을 막고 하나님을 의지하게 만든다는 점에서 도움이 된다. 우주 갈등 신정론에 의하면 하나님은 현실과 무관한 초월자가 아니다. 하나님은 모든 사건마다 역사하셔서 악을 물리치시는 분이시다.[34] 하나님의 이러한 이미지는 고난 당하는 이들에게 희망을 줄 수 있다. 특별히 설교에서 신자를 위해 언제나 싸우시고 승리하시는 하나님의 이미지를 강조함으로 고난을 겪는 이들이 어려운 현실 가운데 다시 하나님을 신뢰하도록 인도할 수 있다.

더 나아가 신자가 고난에 맞서 싸우고 저항해야 한다고 설교할 수 있다. 비록 신자가 죄와 사망의 권세가 장악하고 있는 세상에 살고 있지만, 이 모든 전쟁이 여호와께 속한 것임을 믿으며(삼상 17:47) 고난 앞에서 무기력한 삶을 사는 대신 영적 전투에서 승리할 수 있음을 강조할 수 있다. 예를 들어, 설교자는 에베소서 6장 10절부터 17절 말씀을 통해 고난에 맞서 싸울 수 있는 영적 무기를 다음과 같이 제시할 수 있을 것이다. "성도 여러분, 오늘 우리가 읽은 말씀은 영적 전쟁에서 승리하기 위해 필요한 것들을 제시하고 있습니다. 그것이 무엇입니까? 하나님의 전신갑주입니다. 사탄은 신자들을 고난 가운데 빠트려 좌절하게 만들고

---

34   Rice, *Suffering and the Search for Meaning*, 137.

신앙까지 포기하게 만듭니다. 바울은 오늘 본문 12절과 13절에서 악한 세력들을 상대하기 위해 전신 갑주를 취하라고 강조합니다. 악한 세력으로부터 이기려면 하나님의 전신갑주를 취해야 합니다. 우리는 결코 질 수 없습니다. 우리는 반드시 승리할 것입니다. 우리를 위해 하나님이 싸우십니다. 그러니 힘을 내고 다시 일어서십시오. 하나님을 의지하고 다시 싸우십시오."

과정 신정론(Process theology)

과정신학은 1960년대에 미국에서 새로 생겨난 신학 사조 가운데 하나이다. 과정신학은 알프래드 화이트헤드(Alfred Whitehead)의 과정철학으로부터 발전된 신학으로 찰스 하트숀(Charles Hartshorne)과 존 캅(John Cobb)에 의해 발전되었다. 과정신학은 모든 것이 항상 변화하고 상대적이며 과정 안에 있다고 주장한다. 모든 사건과 현실을 과정으로 인식한다. 이 세상에 고정 불변하는 실재(reality)란 존재하지 않으며 실재의 기본 단위는 고전적 개념의 실체가 아닌 과정 속에서 발생하는 사건들이다.[35] 과정신학은 이러한 주장을 하나님에게까지 적용한다. 인간과 세계의 진화론적 성격을 강조하며 신도 변화해가는 세계의 영적인

---

35   Rice, *Suffering and the Search for Meaning*, 167.

교류를 통해 발전해 가는 과정에 있다고 주장한다. 즉, 우주는 하나님까지도 포함하는 하나의 과정이라는 것이다.

과정 신정론(Process theodicy)은 이러한 과정신학에 근거한 신정론이다. 하나님은 우주의 기본적인 법칙들에 의해 제약을 받으며 피조물들을 완벽하게 통제할 수 없다. 사건의 필수적인 특징은 자유 혹은 자기결정이며 하나님은 피조물의 과정을 저지하거나 간섭할 수 없다. 즉, 하나님이 과정 중에 있는 사건들의 결정에 대해 자신의 뜻을 전적으로 강제할 수 없다는 것이다.[36] 그러므로 이 세상에서 고난은 피할 수 없는 과정일 뿐이다. 하나님이 자연재해도 막을 수 없고 죄 없는 희생자의 생명을 지키기 위해 억울한 사고도 멈출 수 없다. 그것은 피조물의 자유로운 결정에 따른 과정일 뿐이기 때문이다.

과정 신정론에서 가장 중요한 개념이 바로 "설득"이다. 하나님은 피조물을 주권적으로 통제하지 않으시고 오히려 설득하신다. 하나님은 세상에 관심을 가지시고 반응하시며 세상에 대한 하나님의 목적을 이루기 위해 열심히 일하신다. 그러나 하나님은 자신이 원하는 것을 성취할 수 있는 절대적인 능력이 없다. 단지 최선의 가능성을 제시하며 설득하신다. 이 설득에 어떻게 반응할 것인

---

36   Rice, *Suffering and the Search for Meaning*, 168-169.

가는 인간의 자기 결정에 달렸다. 인간이 하는 결정에 따라 하나님의 계획이 진행되지 않을 수도 있다. 결론적으로 과정신학에 의하면 하나님은 전능하지 않으며 능력에 분명한 제한이 있다.

과정 신정론은 전통적인 개신교 신학으로부터 하나님의 전능하심을 왜곡한다는 거센 비판을 받고 있다. 과정 신정론이 제시하는 하나님은 최선의 가능한 대안으로 피조물을 설득하는 능력만 갖고 있을 뿐이며 설득의 결과 역시 그리 신통하지 않다. 하나님은 우리를 동정하고 함께 탄식할 수 있을지는 몰라도 우리를 죄에서 절대로 구원하실 수 없는 무능력한 신일 뿐이다. 그러나 성경은 하나님을 단순히 설득하시는 분으로 말하지 않는다. 성경은 하나님은 우주의 주권자 되시며 죄인들을 구원하시는 분이라고 분명히 밝힌다. 도널드 카슨(Donald Carson)의 지적과 같이 전능하신 하나님에 대한 믿음을 포기하는 것은 악의 문제를 해결할 수 있을지는 모르지만 그 대가가 엄청난 것이다.[37]

과정 신정론에 대한 또 다른 비판은 과정 신정론이 불멸(immortality) 개념을 부정한다는 것이다. 전통적 기독교는 영혼 불멸, 즉 사람의 몸이 죽은 후에도 영혼이 계속 존재한다고 주장

---

37   Carson, 『위로의 하나님』, 45.

한다.[38] 그러나 과정 신정론은 창조자만이 영원히 살 수 있고 인간은 불멸이 필요하지 않다고 주장한다. 인간이 죽은 후에는 하나님의 영원한 기억에 남아있으며 이것이 불멸이라는 것이다.[39] 즉, 사람이 죽은 후에 그 인생 전체가 과정으로서 하나님의 일부를 구성하고 하나님의 경험에 영원한 공헌을 하는 것이 영생이라고 주장하는 것이다. 이는 전통적인 기독교 개념에서 완전히 벗어난 불멸의 개념이며 비성경적이다. 죽음 후 과정으로 흡수된다는 주장은 현실을 견디며 사는 그리스도인들에게 괴로움과 고통만을 더할 뿐이다. 그리스도인들은 이 땅에서 잠시의 고난을 견디며 영원한 하나님의 통치가 이루어지는 내세를 기대하며 살아간다.

과정 신정론에 근거하여 고난 설교를 할 수 있는가? 고난이 그저 과정의 하나라고 설교하는 것이 맞는가? 켈러의 지적과 같이 비서구문화의 사람들은 서구문화와 같이 고난을 자연주의적

---

38   웨스트민스터 신앙고백서 32장 1항은 영혼 불멸에 대해 다음과 같이 설명한다. "인간의 육체는 죽은 후 흙으로 돌아가게 된다(창 3:19; 행 13:36). 그러나 그 영혼은 결코 죽거나 잠들지 않고 불멸의 실체로서 조물주이신 하나님께로 즉시 돌아간다(전 12:7; 눅 23:43)."

39   Rice, *Suffering and the Search for Meaning*, 180-81.

관점으로 해석하지 않고 고난에 어떤 의미가 있다고 믿는다.[40] 그러나 과정 신정론은 고난이 그저 과정의 하나라고만 보므로 고난의 숨은 의미를 제시하지 못한다. 이러한 과정 신정론에 근거한 설교는 청중이 겪는 고난의 의미와 그 속에 담긴 하나님의 뜻을 발견하지 못하게 하고 오히려 더욱 혼란케 할 수 있다.

앞서 살펴본 각각의 신정론은 성경에 근거한 주장으로서 설교의 목적과 방향에 따라 적절하게 활용할 수 있다. 반면 과정 신정론의 이론은 비성경적으로 전통적인 기독교 교리와 충돌한다. 만약 과정 신정론의 이해를 바탕으로 고난에 대해 설교한다면 기독교의 하나님의 속성과 개념을 수정해야 하는 위험이 뒤따른다. 보수적인 성향이 강한 한국 교회는 전통적 교리와 성경에 근거를 둔 신학과 목회를 추구한다. 이러한 한국 교회의 강단에서 과정 신정론을 수용하여 설교하기란 사실상 불가능하다. 설교자는 빠르게 변해가는 세상에 유연하고 능동적으로 대처하고자 새로운 신학에 대해 열린 마음으로 연구하고 탐구해야 한다. 그러나 설교는 언제나 특별계시, 즉 하나님의 말씀에 근거해야 한다.

---

40   Keller, *Walking with God through pain and suffering*, 30-43.

열린 하나님 신정론(Openness of God theodicy)

열린 하나님 신정론은 열린 유신론에 근거한 신정론이다. 열린 유신론(Open Theism)은 1994년 클락 피녹(Clark Pinnock), 리차드 라이스(Richard Rice), 존 샌더스(John Sanders), 윌리함 해스커(William Hasker), 그리고 데이비드 배싱거(David Bashinger)가 공저한 "신의 개방성"(The Openness of God)이라는 책이 출판되면서부터 대두된 신학 사상이다.[41] 열린 유신론의 핵심은 피조물과 하나님이 상호 의존적이며 서로에게 영향을 끼친다는 것이다. 따라서 열린 유신론은 역사가 하나님과 그의 피조물의 결정과 행위가 결합된 결과라고 주장한다.[42]

열린 신정론은 이러한 열린 유신론에 근거하고 있다. 전통적인 유신론은 고난을 하나님의 선한 목적이나 계획과 연관하여 설명한다. 그러나 열린 신정론은 하나님이 악을 허용하시는 이유는 하나님이 미래의 일을 완벽하게 다 알지 못하시기 때문이라고 주장한다. 하나님은 일어날 수 있는 모든 것을 알고 있지만, 미래와

---

41   Clark H. Pinnock, *The Openness of God: A Biblical Challenge to the Traditional Understanding of God* (Downers Grove, IL: InterVarsity Press, 1994).

42   Rice, *Suffering and the Search for Meaning*, 141-42.

관련한 인간의 자유로운 결정의 내용은 알지 못한다. 하나님은 우리가 결정할 때까지 우리의 선택에 대해 알지 못한다.[43] 랜디 알콘(Randy Alcorn)은 이러한 열린 신정론의 하나님을 당직 의사에 빗대어 다음과 같이 비판한다.

"성경의 하나님은 환자의 상태를 꼼꼼하게 살펴보고 특정한 목적을 이루기 위해 구체적 절차를 계획하는 유능한 외과 의사에 비유할 수 있다. 개방적 유신론의 하나님은 응급실의 당직 의사와 더 유사하게 보인다. 당직 의사는 여느 의사들처럼 유능하지만 직접 살펴본 뒤에야 환자 상태를 알 수 있다. 그래서 그는 즉석에서 환자를 치료해야 한다. 치료의 성공 여부는 때마다 차이가 있다."[44]

열린 신정론은 자유의지 신정론과 같이 고난에 대한 책임을 하나님이 아닌 피조물이 자유를 잘못 사용한 것에 돌리고 있다. 그러나 열린 신정론은 절대적 예지의 개념을 부정하므로 미래는 순전히 열려 있는 것에 불과하다.

---

43   Clark H. Pinnock, *Most Moved Mover: A Theology of the God's Openness* (Grand Rapids, MI: Baker Academic, 2001), 13.

44   Randy Alcorn, 『인간의 선택인가 하나님의 선택인가?』, 김진섭 옮김(서울: 토기장이, 2016), 193.

열린 신정론이 과정 신정론과 다른 점은 하나님과 세상의 관계를 뚜렷하게 구분한다는 점이다. 과정 신정론은 무로부터의 창조를 부정하며 하나님의 자존성을 인정하지 않지만, 열린 신정론은 하나님과 세상의 관계를 비대칭적인 것으로 간주한다. 즉, 하나님과 창조된 세상 사이에는 명백한 구분이 있다는 것이다. 세상은 자신의 존재를 하나님께 의지하는 반면 하나님은 자신의 존재를 세상에 의존하지 않는다. 열린 유신론은 이러한 명백한 구분에도 불구하고 하나님이 여전히 이 세상을 포기하지 않으셨다는 사실을 강조한다. 하나님은 모든 것이 잘못되었음에도 불구하고 지금도 세상을 돌보고 계신다. 이것이 열린 신정론이 주장하는 하나님의 은혜이다. 하나님은 세상에 의해 깊이 영향을 받으시고 여전히 활동하시며 세상을 회복하기 위해 일하신다.[45]

열린 신정론에 대한 비판은 하나님의 지식과 능력을 약화시켜 하나님을 신뢰할 수 없게 만든다는 것이다. 첫째, 열린 신정론이 주장하는 바와 같이 하나님이 미래를 완전히 알지 못한다면 하나님의 지식은 사실상 불완전한 것에 불과하다. 하나님이 인류 역사의 종말을 해피엔딩(happy ending)으로 끝내실 것이라 추측은 할 수 있지만, 실제로 보장은 해줄 수 없다. 이것은 종말론적

---

45   Rice, *Suffering and the Search for Meaning*, 146-47.

소망을 약화시킴으로써 신자가 하나님의 백성답게 살 수 있는 능력과 동기를 저하할 수 있다. 둘째, 하나님의 능력이 인간의 선택에 영향을 받는다면 그 능력 역시 불완전한 것이다. 노만 가이슬러(Norman Geisler)는 열린 신정론의 주장이 결국 하나님의 은혜보다 인간의 자유 의지에 더 우선권을 부여한다고 지적한다.[46] 하나님은 인간의 선택과 의지를 더 중요한 것으로 간주하시기 때문에 사람을 사랑하시면서도 인간이 겪고 있는 고난의 상황에는 전혀 개입할 수 없다. 과연 이러한 하나님을 온전히 신뢰할 수 있는가? 열린 유신론은 하나님을 불완전하고 무능력한 하나님으로 약화시켜 하나님을 신뢰하지 못하도록 만든다.

열린 신정론의 이론에 근거한 고난 설교는 가능한가? 열린 신정론에 의하면 하나님은 열린 마음(open-minded)을 가지신 사랑의 하나님이시다. 하나님은 우리가 경험하는 좋고 나쁜 모든 것에 영향을 받으신다.[47] 하나님은 우리가 기뻐할 때 기뻐하시고 우리가 슬퍼할 때 슬퍼하신다. 이러한 열린 신정론의 주장은 어느 정도 마음의 평화와 위로를 주기도 하지만 열린 신정론의 주

---

46   Norman L. Geisler, *Christian Ethics: Contemporary Issues and Options, 2nd ed.* (Grand Rapids, MI: Baker Academic, 2010), 111-13.

47   Rice, *Suffering and the Search for Meaning*, 148-49.

장을 모두 수용할 수는 없다. 하나님이 인간의 선택에 의해 영향을 받거나 바뀔 수 있다고 기본적으로 전제하고 있기 때문이다. 즉, 인간의 행위가 하나님의 공감에 영향을 줄 수 있다는 것이다. 열린 신정론에 근거한 고난 설교는 인간의 특정한 행위에 초점이 맞추어져 미래에 대한 확실한 결론이나 소망을 제시할 수 없으므로 오히려 청중을 불안하게 만든다. 이는 알미니우스적 개념으로서 성경적 개념과 거리가 멀다.[48] 설교에서 중요한 점은 우리가 무엇을 하느냐가 아니라 하나님이 고난 가운데 무엇을 말씀하시고자 하는지 성경 본문에 귀를 기울이도록 이끄는 것이다.

신정론의 한계

우리는 지금까지 여섯 종류의 신정론을 살펴보았다. 각각의 신정론은 고난에 대한 독특한 해석을 제공한다.[49] 완벽한 계획 신

---

[48]   Millard J. Erickson, *God the Father Almighty: A Contemporary Exploration of the Divine Attributes* (Grand Rapids, MI: Baker Academic, 1998), 71.

[49]   물론, 지금까지 살펴본 여섯 개의 신정론 외에 또 다른 신정론들도 존재한다. 악이 모두에게 공평하게 돌아간다는 포만 이론(Plentitude theory)처럼 기발한 신정론도 있고, 고난은 마땅히 받아야 할 죄의 대가라고 결론짓는 징벌 신정론(Punishment theodicy)처럼 지나치게 단순한 신정론도 있다. 또한 하나님이 지은 세계에는 자연 질서가 있어서 순간순간, 이리저리 제멋대로 작동될 수 없다는 주장의 자연적

정론은 하나님이 우리의 고난 가운데 계획하신 목적을 성취하신다는 확신을 제공한다. 자유의지 신정론은 고난이 하나님이 의도하신 것이 아니라는 사실을 밝힌다. 영혼 형성 신정론은 고난이 우리를 더욱 성장시킨다는 것을 알려준다. 우주 갈등 신정론은 하나님이 고난에 적극적으로 대응하신다는 사실을 말한다. 열린 신정론은 하나님이 자유로운 존재를 창조하는 위험을 감수하셨다는 가능성을 제시한다. 과정 신정론은 하나님이 피조물의 자유로운 결정을 존중한다는 것을 보여준다.

그러나 이러한 신정론의 주장에는 분명한 한계가 있다. 신정론만으로 모든 고난에 대해 완벽하게 설명할 수 없다는 것이다. 토마스 롱(Thomas Long)의 지적과 같이 하나님의 전능하심과 선하심, 그리고 고난에 대해 논리적으로 설명하는 것은 "불가능한 체스 경기", 즉 신학적 교착 상태로 우리를 끌고 갈 뿐이다.[50] 예를 들어, 영혼 형성 신정론은 고난을 통한 신앙 성숙에 대해 설교할 때 도움이 되지만, 갑작스럽게 발생한 사고나 자연재해를 설교하는 것은 여러 가지 어려움이 있다. 이처럼 고난을 우리의 이

신정론(Natural theodicy)도 있다. 그러나 이 책에서는 가장 많이 논의되는 6개의 신정론을 요약하여 간단하게 살펴보았다.

50   Long, *What Shall We Say?*, 56.

성으로 완벽히 이해하고 설명하는 것은 거의 불가능하다. 고난에 대한 모든 대답을 담고 있는 신학 체계는 존재하지 않는다.

고난은 문제해결이 아니다. 문제해결이란 어떤 현상에 대해 원인을 파악하고 적절한 방안을 찾아 현상을 극복하거나 해결하는 것이다. 그러나 고난은 우리의 이해를 넘어서는 신적 신비에 속하는 것이다. 신비는 이성적으로 고민할수록 오히려 더 많은 의문만 생길 뿐이다. 고난은 이해하고 해결하는 것이 아니라 깨닫고 수용하는 것이다. 고난은 신적 영역으로 이성의 신정론으로 모두 이해하고 설명하기에는 분명히 한계가 있다. 어느 특정한 이론을 모든 고난에 일률적으로 적용하는 것은 잔인하고 가혹한 행위이다.[51] 지나친 확신과 교조주의는 신비하고 경이로우며 우리의 이성을 넘어선 영역들마저 모두 알 수 있을 것 같은 확신을 준다. 그러한 왜곡된 확신에 근거한 기독교는 완고하고 오만해져 신자들을 큰 의심과 고통의 나락으로 떨어트린다.[52]

그러나 신정론 자체를 거부해서도 안 된다. 다양한 신정론의 이론 중에는 설교 사역에 도움을 주는 이론도 있다. 문제는 고난

---

51 박영식, 『고난과 하나님의 전능: 신정론의 물음과 신학적 답변』, 17.

52 Carson, 『위로의 하나님』, 38-39.

설교가 신정론의 신학적 입장이나 이론을 소개하는 강의가 될 때이다. 이것은 설교자가 자신이 선호하는 신정론의 입장을 소개하기 위해 본문의 메시지를 왜곡하는 위험이 있다. 설교자는 각각의 신정론을 통해 교회사적으로 논의되어 온 고난에 대하여 다양한 기독교적 통찰력을 얻을 수 있다. 그러나 고난 설교에서 우선적인 것인 본문에 대한 바른 해석이다. 설교자는 올바른 본문 해석을 통해 발견한 메시지와 특정한 신정론의 이론이 일치할 때 이를 적절히 활용하여 설교를 더욱 풍성하게 만들 수 있다. 예를 들어, 룻기를 설교하면서 완벽한 계획 신정론의 이론을 참고하여 고난 가운데 숨겨진 하나님의 선하신 계획에 대해 더 자세히 설교할 수 있을 것이다.

고난 설교를 위한 신정론
: 설교학적 신정론

신정론은 설교자에게 고난에 대한 통찰력을 제공해 주지만, 신정론이 하나님 말씀에 근거한 이론이어야 한다는 점을 반드시 기억해야 한다. 앞서 살펴본 열린 신정론과 과정 신정론 같이 하나님 말씀에서 벗어난 위험한 입장의 신정론도 있기 때문이다. 하나님 말씀에서 벗어난 현대 신정론의 특징은 하나님의 전능성을 제한하거나 포기하는 것이다. 이러한 신정론이 위험한 이유는 고난을 해결할 궁극적인 능력이 하나님에게 없다고 성급하게 결론내리는 것으로 고난과 악의 문제에 대한 해답을 찾기 때문이다.[53] 설교자는 하나님 말씀에 근거한 고난의 기독교적 이해를 제공하여 청중이 올바르게 사고하도록 도와야 한다.[54] 즉, 성경에 근거하여 어떤 신학적 내용을 고난 설교 안에 담을 것인지 고민하고 분별함으로 적절하게 활용해야 한다.

여기서는 설교자가 고난 설교에서 다루어야 할 신학적 내용을 종합하여 설교를 위한 설교학적 신정론을 제안하고자 한다. 새로운 신정론을 소개하기보다 고난과 관련된 개혁신학의 교리와 이론을 종합한 것이다. 설교학적 신정론은 성경의 교리에 충실하면서도 설교자가 고난 설교에서 반드시 다루거나 명심해야할 것을 알려주므로 도움이 된다. 또한 고난 설교의 내용이 성경에서 벗어나지 않도록 교리적 경계(doctrinal boundaries)를 만들어주므로 유익하다. 설교학적 신정론에는 고난의 원인과 책임, 고난에 대한 신자의 자세, 고난을 통한 하나님의 일하심, 고난 가

---

53   이승진, "대재앙에 대한 신정론 관점의 설교 연구", 「복음과 실천신학」 29 (2013): 51.

54   Long, *What Shall We Say?*, 64-67.

운데 함께하심, 고난과 종말론적 소망에 대해 제시할 것이다.

고난의 원인과 책임

설교자는 고난의 원인과 책임이 하나님께 있지 않음을 인지해야 한다. 창조와 타락의 교리는 고난이 하나님으로부터 오지 않았다는 사실, 즉 고난이 인간의 죄와 깊이 연루되었다는 사실을 분명히 밝힌다.[55] 에드워드 영(E. J. Young)은 죄의 유래와 그 죄로 인한 고난이 어떻게 발생했는지를 상세히 밝힌다.[56] 창세기 1장에서 하나님은 인류를 죽음과 고난이 없는 세상에 지으셨다. 하나님이 처음 그리신 설계도 속에 오늘날 우리가 경험하는 악은 존재하지 않았다. 그러나 창세기 2장에서 하나님을 향한 불순종으로 말미암아 인간은 전적으로 타락하여 원죄를 가지고 태어나는 존재가 되었다. 이러한 범죄로 인간은 전적 타락한 존재가 되었을 뿐만 아니라 하나님의 권위를 부정하고 거부한 탓에 마음과 감정, 육체, 사람들과의 관계, 자연과의 관계도 일제히 무너져 내렸다. 그 결과 온 인류는 깨어진 세상을 물려받고 또 물려주게 되

---

55   Keller, *Walking with God through pain and suffering*, 180.

56   Edward John Young, 『창세기 1, 2, 3장 강의』, 서세일 옮김 (서울: 한국로고스연구원, 1985).

었다.[57] 인류의 타락이 하나님이 맨 처음 디자인하신 세상을 파손한 것이다. 하나님은 고난의 조성자(the author of suffering)가 아니시다. 고난은 모두 죄의 결과이며 인간 반역의 결과이다.[58]

설교자는 설교에서 고난의 원인에 대해 분명하게 밝혀 고난에 대한 책임을 하나님께 돌릴 수 있는 위험을 방지해야 한다. 예를 들어, 완벽한 계획 신정론의 입장을 따라 하나님의 선하신 계획에 대해 설교하고자 할 때 그 고난이 어디서부터 왔는지 먼저 언급하는 것이 좋다. 완벽한 계획 신정론에 근거하여 고난이 하나님의 계획 가운데 허락된 것이며 고난을 통해 하나님이 이루고자 하시는 선한 뜻이 있다고 설교하는 것은 신학적으로 타당하다. 그렇다고 설교의 전략 없이 고난을 그저 하나님의 계획이라고만 강조하면 청중이 고난의 원인을 하나님께 전적으로 돌리는 위험이 있다. 그러므로 설교자는 고난의 기원을 먼저 언급하는 것이 중요하다.

때로는 오늘날 신자들이 겪는 고난의 원인과 책임에 대해 직접적으로 가르치는 것도 중요하다. 이러한 가르침은 청중이 가지는 고난에 대한 잘못된 인식을 깨뜨리는 것에 다음과 같은 도움

57　Keller, *Walking with God through pain and suffering*, 181-82.

58　Carson, 『위로의 하나님』, 61-62; 340-41.

을 준다. 첫째, 고난을 당하는 것이 특정한 죄를 지었기 때문이라는 잘못된 이해에서 벗어나게 한다. 둘째, 큰 고난을 당하는 이들이 작은 고난을 당하는 이들보다 상대적으로 더 큰 죄를 지었다는 선입관을 깨트린다. 셋째, 선한 이는 행복하게 살고 악한 이는 불행하게 산다는 단순한 인과율적 논리는 잘못된 것임을 알린다. 설교자는 고난이 인간의 죄로 인한 결과이며 하나님의 공정한 심판임을 밝힘으로 평안과 위로의 삶을 기대할 만한 근본적인 권리가 인간에게 있지 않다는 것을 청중이 깨닫도록 해야 한다. 이러한 깨달음은 하나님을 원망하고 비난하기보다 은혜와 자비를 구하도록 인도한다.[59]

고난에 대처하는 자세

갑작스러운 고난을 경험할 때 당혹감과 북받쳐 오르는 분노 속에 종종 하나님을 향해 소리치고 따지기도 한다. 이것은 신앙의 부족이 아니라 오히려 신앙의 한 표현이다. 하나님의 존재를 믿지 않는다면 하나님을 향해 불평의 목소리를 내는 일 자체가 불가능하다. 하나님은 선하시고 정의로우시다. 그러한 신이 고난을 허락하셨다는 사실에 실망하고 원망하여 따진다. 이와 같이

---

59   Carson, 『위로의 하나님』, 68-69.

하나님을 향한 항의는 사실 하나님이 사랑이 많고 공의로운 분이기를 원하는 깊고도 신실한 갈망으로부터 흘러나온다.[60] 따라서 기독교 신앙은 눈물과 울음을 엄하게 제한하지 않고 자연스러운 반응으로 간주한다.

그러므로 하나님을 믿는 신자들이 고난 앞에서 울거나 노하거나 절망감을 느끼지 말아야 한다고 생각하는 것은 옳지 않다.[61] 그리스도인들은 고난으로 생겨나는 부정적인 감정을 억지로 통제하고 억누르지 않는다. 오히려 기독교는 성경이 가르치는 바와 같이 하나님과 논쟁하고 불평하고 신음하며 하나님과 씨름하는 그 모든 과정이 신자의 믿음을 확고히 세우는 특별한 과정이라고 말한다.[62]

고난 설교 역시 마찬가지다. 만약 설교자가 슬픔을 드러내거나 울부짖는 성도의 행위를 신앙이 부족한 것이라고 설교한다면 청중의 삶에 욥의 분통이나 시편 기자의 탄식이 깃들여지는 것을 없애는 것과 같다. 이는 고난에 대한 성경의 풍부하고도 다각

---

60   Long, *What Shall We Say?*, 196-99.

61   Keller, *Walking with God through pain and suffering*, 382-83.

62   Carson, 『위로의 하나님』, 111.

적인 가르침을 짓눌려 뭉개는 것에 불과하다. 고난 설교에서 무엇보다 중요한 것은 설교자의 파토스(Pathos)이다.[63] 설교자는 청중의 아픔을 수용하고 고통에 공감하는 것이 필요하다. 설교자가 청중에 대한 애정과 이해심으로 준비하는 고난 설교는 청중이 겪고 있는 고난을 위로하고 애통해주는 따뜻한 설교가 된다. 예를 들어, 설교자는 욥기를 통해 다음과 같이 설교할 수 있을 것이다.

"욥은 오늘 본문에 기록된 바와 같이 하나님께 억울함을 호소합니다. 욥은 하나님께 자신의 원통함과 억울함을 덮어두지 마시기를, 기억해 주시기를 간구합니다. 우리는 보통 힘겨운 고난을 모두 잊고 싶어 합니다. 어떤 사람들은 술 한잔 걸치며 잊으려 하고 또 어떤 사람들은 극단적인 방법으로 잊으려 합니다. 그러나 욥은 기억해 주시기를 구합니다. 왜 그런가요? 피를 토하는 듯한 억울함과 원통함을 보고 계시는 증인이 하늘에 계심을 믿기 때문입

---

63   파토스(phthos)는 아리스토텔레스(Aristoteles)가 말한 설득의 세 가지 요소 중 하나이다. 파토스는 정서적 호소를 맡는 감정적 요소를 의미한다. 분노, 적대감, 호의, 기쁨, 즐거움, 사랑, 동정, 부끄러움, 수치, 두려움 등과 같은 감정이 파토스에 속한다. 설교학에서는 파토스를 두 가지 측면, 즉 청중의 파토스와 설교자의 파토스로 나눈다. 청중의 파토스는 설교를 들을 때 청중이 가지는 모든 감정을 말한다. 설교자의 파토스는 설교자가 청중을 향해 가지는 감정을 뜻한다. 설교자의 파토스에 대해서는 다음을 참고하라. André Renser Jr., *Preacher and Cross: Person and Message in Theology and Rhetoric,* (Grand Rapids, MI: W.B. Eerdmans Pub, 1999).

니다. 내가 겪는 고난에 대해 나를 위해 중보하시는 이가 하늘에 계심을 믿기 때문입니다. 그것이 우리가 읽은 19절 말씀입니다. 욥이 자기가 당하고 있는 모든 고난을 잊지 않고 있는 이유는 하나님이 모든 것을 보고 계시고 모든 것을 알고 계심을 믿기 때문입니다. 우리도 이처럼 하나님께 나아가야 합니다. 하나님께 울부짖고 소리 질러 따지십시오. 왜요? 하나님은 우리의 아버지 되십니다. 고난을 잊으려 하지 마십시오. 고난 가운데 다른 방법을 찾지 마십시오. 하나님께 호소하십시오. 오직 하나님께만 호소하십시오."

고난 가운데 일하심

고난 설교에서 하나님의 구속 사역을 선포하는 것은 매우 중요하다. 성자 예수님께서는 창조 세계를 만드셨을 뿐만 아니라 창조 세계를 하나님과 화해시키기 위하여 십자가에서 죽으셨다.[64] 이러한 그리스도의 구속 사역은 과거에 국한되지 않고 오늘 그리고 미래에까지 영향력을 끼친다. 지금도 하나님은 예수 그리스도 안에서 일하신다. 하나님은 애굽에서 노예 생활을 하던 이스라엘 백성의 울부짖는 소리를 들으시고 그들을 구원하셨다. 하

---

64   Boyd, *Is God to Blame?*, 52-53.

나님은 오늘날도 여전히 울부짖는 신자들의 울음소리를 들으시고 그들을 고난 가운데 구원하신다. 그러므로 설교자는 오늘도 변함없이 신자들의 삶에서 일하시는 하나님을 선포해야 한다. 청중이 하나님의 일하심을 기대함으로 겸손히 하나님을 바라며 믿음을 지키도록 격려해야 한다.

설교자는 고난의 원인과 책임을 밝히는 것에서 신자가 겪는 고난 가운데 하나님이 여전히 일하고 계시다는 사실을 선포하는 곳까지 나아가야 한다. 고난을 완벽하게 제거하는 치료보다 더 중요한 것은 우리 안의 내적인 능력을 강화하는 치유이다.[65] 이러한 내적인 치유는 하나님의 구속을 선포할 때 비로소 이루어진다. 즉, 청중이 본문 가운데 일하시는 하나님을 발견하고 그 하나님이 오늘 자신의 삶 속에서도 구원을 이루고 계신다는 확신이 생길 때 비로소 고난을 감당할 내적 능력이 자라는 것이다. 예를 들어, 요셉의 이야기를 통해 설교자는 다음과 같이 설교할 수 있을 것이다.

"사랑하는 성도 여러분, 요셉은 종으로 팔리고 감옥에 들어갔습니다. 얼마나 억울하고 화가 나겠습니까? 그러나 그 모든 고난의 시

---

65   Kathy Black, 『치유 설교학』, 이승진 옮김 (서울: CLC, 2008), 209-10.

간은 시편에 나오는 표현과 같이 하나님의 말씀이 응할 때까지 준비되어 가는 과정이었습니다. 그 모든 과정이 요셉을 연단시켜 하나님의 놀라운 구속 계획을 이루기 위한 시간이었습니다. 혹시 고난 가운데 슬피 울고 계십니까? 고난 가운데 어찌할 바를 몰라 가슴을 치고 계십니까? 다시 한번 믿음의 눈을 들어 주님을 바라보십시오. 하나님의 섭리 가운데 지금 내 삶을 통해 하나님의 목적을 이루어 가십니다. 하나님이 반드시 당신을 구원하실 것입니다! 하나님이 반드시 당신을 통해 놀라운 계획을 이루실 것입니다!"

고난 가운데 함께 하심

성경은 하나님이 인간의 역사 속에 직접 들어오셔서 친히 고난 당하시는 분임을 증언한다. 그리스도는 인간의 절대적 연약함을 경험하셨으며 "심한 통곡과 눈물"(히 5:7)이 가득한 삶을 사셨다. 또한 인류가 감당해야 할 죄의 고통과 저주를 감당하기 위해 십자가에서 고통 받으셨다.[66] "우리가 아직 죄인 되었을 때에 그리스도께서 우리를 위하여 죽으심으로 하나님이 우리에 대한 자기의 사랑을 확증하셨느니라"(롬 5:8). 우리는 이 사랑 안에서 은혜 가운데 하나님의 백성이 되었다. 하나님과 원수 되었던 죄인

---

66   Keller, *Walking with God through pain and suffering*, 190.

이 하나님과 화목하게 될 뿐 아니라 하나님의 사랑 받는 자녀가 되었다(요 1:12-13; 3:3-8). 그러나 하나님의 자녀로서 반드시 통과해야 할 것이 있다. 그것은 고난에 참여하는 것이다. 베드로는 그리스도인들이 고난을 통과할 때 그리스도가 겪으신 고난에 참여하는 것이라고 강조한다(벧전 4:13; 골 1:24). 예수께서도 제자들에게 일찍이 이 사실을 가르치셨다(요 15:18-23). 세상이 미워하고 핍박하는 일은 그리스도인에게 필연적인 것이다.

우리가 고난 당할 때 반드시 기억해야 할 사실이 있다. 하나님이 우리의 고난 가운데 함께 하신다는 것이다. 하나님은 그의 자녀들을 고난 가운데 방치하지 않으시고 자녀들의 삶 가운데 역사하시며 놀라운 섭리로 인도하시는 임마누엘 하나님이시다(마 1:23).

고난 가운데 하나님이 함께 하신다는 사실을 설교할 때 청중에게 고난을 통과할 수 있는 특별한 힘을 제공한다. 신자들에게 고난이란 힘든 영적 순례의 과정이다.[67] 그 영적 순례의 과정 가운데 하나님이 함께 하심은 성도들의 믿음을 더욱 견고하게 만든다. 혼자 버려진 것이 아니라 내 고난 가운데 주님이 함께 하시는

---

67   Long, *What Shall We Say?*, 182.

것이요, 나 혼자가 아니라 고난 당하는 형제들이 많이 있다는 사실은 우리를 시험하여 넘어뜨리는 자를 능히 대적할 수 있는 힘을 발휘하게 한다(벧전 5:9). 예를 들어, 요셉의 이야기를 통해 설교자는 다음과 같이 설교할 수 있을 것이다.

"오늘 본문은 요셉이 형통하다고 말씀합니다. 그러나 요셉이 처한 상황을 들여다보면 꼭 그렇지만은 않습니다. 요셉은 형들의 시기로 종으로 팔려 갔고 보디발 아내의 모함으로 감옥에 쳐박혔습니다. 상식적으로 이 상황은 전혀 형통한 것이 아닙니다. 그런데 성경은 요셉이 형통하다고 말합니다. 왜일까요? 본문은 반복해서 말씀합니다. "여호와께서 요셉과 함께 하시고" 하나님이 요셉과 함께 하심으로 요셉이 형통한 자입니다. 여러분, 세상이 말하는 형통과 성경이 말하는 형통은 다릅니다. 하나님 말씀은 하나님이 우리 인생 가운데 함께 하신다는 것, 이것이 형통이라고 말씀합니다. 요셉과 함께 하신 하나님은 오늘 나와 함께 하십니다. 고난 가운데 나 혼자 남겨진 것 같습니까. 아무도 없는 것 같습니까. 이제 다시 믿음의 눈을 드십시오. 나와 함께 하시는 하나님을 바라보십시오. 하나님이 바로 지금 나와 함께 하십니다."

고난과 종말론적 소망

고난 설교에서 반드시 제시되어야 할 내용이 종말론적 소망이다. 여기서 말하는 종말론적 소망이란 부활 신앙과 마지막 때의 회복이 주는 소망을 의미한다. 고난 설교는 성도들이 겪고 있는 고난에 대한 특별한 해결책을 제시하는 것이 아니다. 믿음 안에서 고난을 통과할 수 있는 복음에 근거한 종말론적 소망을 제시하는 것이다. 카슨은 이것을 "복음적인 전망"이라고 표현한다. 이러한 복음적인 전망이 없이는 고난에 대한 기독교적인 중요한 항목들은 아무런 의미가 없다.[68]

부활 신앙은 우리에게 죽음을 깨트리는 최후 승리가 있음을 알려준다. 기독교 신앙은 고난 이면에 숨은 하나님의 뜻을 낱낱이 설명할 수 있다고 주장하지 않지만, 그에 대한 최종 답안, 즉 부활의 교리를 가지고 있다. 부활 신앙은 기독교 신앙의 핵심이자 완전한 회복을 의미한다. 바울은 예수님을 향해 "몸인 교회의 머리시라 그가 근본이시요 죽은 자들 가운데서 먼저 나신 이시니 이는 친히 만물의 으뜸이 되려 하심이요"(골 1:18)라고 말한다. 죽으시고 다시 살아나셔서 부활 생명에 참여하게 될 모든 자

---

68   Carson, 『위로의 하나님』, 199-201.

에게 그리스도는 친히 머리와 근원이 되신다. 우리는 새롭게 회복된 세상에서 영광스럽고 완전하며 이루 말할 수 없는 풍성한 삶을 누릴 것이다.[69] 부활은 새로운 세상의 도래를 기대하는 그리스도인들에게 "눈앞에서 판치는 죽음의 권세가 시한부이며 확실한 패배가 기다리고 있음을 깨닫게 해 준다."[70] 켈러가 지적한 것과 같이 신정론에 대한 진정한 기독교적 반응은 하나님이 최종적으로 승리하신다는 것이다.[71]

마지막 때의 회복은 심판과 하나님 나라에 대한 소망을 제시한다. 예수께서 재림하실 때 이 땅에 가득한 온갖 죄악들이 바로잡히고 부당한 고난이 모두 사라질 것이다. 오스카 쿨만(Oscar Cullmann)은 예수의 재림을 가리켜 최후 승리의 날(Victory Day/V-Day)이라고 부른다. 이 V-day에 사악한 자들이 무고한 이들에게 저지른 악은 대가를 치르게 되고 모든 눈물이 씻겨날 것이며 하나님 나라가 완성될 것이다.[72] 마지막 때의 이러한 회복은 신자

---

69   Keller, *Walking with God through pain and suffering*, 186.

70   Johan Christiaan Beker, *Suffering and Hope: The Biblical Vision and the Human Predicament* (Grand Rapids, MI: Eerdmans, 1994). 16.

71   Keller, *Walking with God through pain and suffering*, 72-73.

72   Oscar Cullman, *Christ and Time* (London: SCM Press, 1951), 84-88.

가 경험하는 극도의 괴로움마저도 영광으로 바꿔 놓는다.

고난 설교에서 종말론적 소망에 대한 메시지는 청중에게 여러 가지로 유익하다. 첫째, 종말론적 소망은 지금 이 세상에서 일어나는 일로 하나님의 정의와 사랑에 대해 평가하는 것이 얼마나 성급한 것인지 깨닫도록 한다. 둘째, 종말론적 소망은 언젠가하나님의 정의가 온전하고 완벽하게 구현되리라는 사실에 근거하여 다시 영적 순례의 길을 힘차게 걷도록 한다. 셋째, 종말론적소망은 청중이 너그러운 마음을 품어 상대를 용서하고 앙갚음과폭력적인 행동을 자제하며 원수를 위해 기도할 수 있는 성숙한신앙적 태도를 제공한다.

맺는 말

1장에서는 고난의 다양한 형식과 여러 가지 신정론을 살펴보고 이어서 고난 설교를 위한 설교학적 신정론을 제안하였다.

첫째, 고난을 원인과 범위, 신학적 목적에 따라 네 가지 범주로 나누어 살펴보았다. 고난 설교를 위해 필요한 과제 중 하나는다양한 유형의 고난을 체계적으로 분류하는 것이다. 다양한 관점

에 따라 여러 부류의 고난이 제시되며 대처방식도 그만큼 광범위
하다. 설교자가 고난에 대해 바르게 분류할 때 고난에 대해 올바
르게 설교할 수 있다.

둘째, 고난과 관련한 신정론의 주장과 비판을 살펴보고 그들
의 주장을 설교학적으로 평가하였다. 여기서는 가장 많이 논의되
는 대표적인 여섯 가지 신정론의 주요 특징을 살펴보았다. 각각
의 신정론은 고난에 대한 다양한 관점의 해석을 제공한다. 그러
나 신정론이 모든 고난을 완벽히 해명하기에는 그 한계가 분명하
다. 고난은 해결할 수 있는 문제의 영역이 아니라 하나님과 관련
된 신비의 영역이다.

셋째, 설교자가 설교에서 다루어야 할 성경적 입장을 종합하
여 설교학적 신정론을 제시하였다. 설교학적 신정론은 설교자에
게 고난 설교를 위한 신학적 경계와 통찰력을 제공한다. 설교학
적 신정론에는 다음의 내용이 포함된다. 첫째, 고난의 원인과 책
임이다. 고난이 하나님의 책임이 아니라는 사실은 청중이 고난의
원인을 하나님께 돌리지 않고 죄의 심각성을 깨닫게 한다. 둘째,
고난에 대한 신자의 자세이다. 고난으로 인해 성도들이 보이는
반응을 정죄하고 비판하기보다 인정하고 공감하는 것이 필요하
다. 셋째, 고난 가운데 하나님의 일하심이다. 고난 가운데 하나님

이 여전히 일하신다는 사실은 청중으로 하여금 고난을 감당할 내적인 능력을 강화하도록 돕는다. 넷째, 고난 가운데 함께 하심이다. 하나님은 그의 자녀들을 고난 가운데 방치하지 않으시고 함께 하시며 섭리 가운데 인도하신다. 다섯째, 고난과 종말론적 소망이다. 예수 그리스도의 부활과 재림은 고난을 통과할 수 있는 종말론적 소망을 제시한다. 이러한 종말론적 소망에 대한 선포는 청중이 고난 가운데서도 믿음을 지키며 영적 순례의 길을 힘차게 걸을 수 있도록 돕는다.

고난설교
어떻게 할 것인가?

2장

구속사적 해석과
구속사적 설교

한국 교회 고난 설교의 해석과 문제점

한국 교회는 고난을 어떻게 설교하고 있을까? 이 책에서는 설교의 두 가지 핵심 과제인 해석과 전달이라는 측면에서 한국 교회의 고난 설교를 분석하고 평가하고자 한다. 설교 분석을 위해 루돌프 보렌(Rudolf Bohren)과 게르트 데부스(Gerd Debus)가 제안하고 발전시킨 하이델베르크 설교 분석 방법(Heidelberg Method of sermon analysis)을 채택하였다.[1] 설교 분석은 한국 교

---

[1]   다양한 설교 분석 방법 중 하이델베르크 설교 분석 방법을 채택한 이유는 하이델베르크 분석 방법이 설교자의 설교학적 관점과 신학적 관점을 보여주는 탁월한 설교 분석 방법이기 때문이다. 하이델베르크 설교 분석 방법은 기본적으로 4개의 설교학적 질문들과 6개의 언어학적 질문들로 구성되어 있다. 분석자는 설교학적 질문들을 통해 하나님이 본문을 통해서 전하고자 하는 메시지를 발견하고, 언어학적 질문들을 통해 설교자가 전하고자 하는 메시지가 무엇인지를 확인한다. 분석자는 이 두 메시지의 비교를 통해 설교자가 성경 본문이 전하고자 하는 메시지를 충실하게 잘 전하고 있는지 그리고 어떤 신학적 관점을 취하고 있는지를 발견할 수 있다. 하이델베르크 설교 분석 방법의 장점은 기존의 질문을 수정하거나 생략할 수 있으며 필요한 경우 몇 가지 질문을 첨가할 수 있다는 것이다. 고난 설교 분석에서는 기본의 질문들 중에서 몇 가지를 생략하고 고난과 관련된 질문을 첨가하였다. Jima Seo & Johann-Albrecht Meylahn, "Redemptive-Historical Narrative Preaching As a Homiletical

회를 대표하는 교단의 목사 5명의 고난 설교를 중심으로[2] 특히 해석의 측면에서 고난 설교의 문제점을 논의할 것이다. 설교 분석의 과정은 지면상 생략하고 설교 분석을 통해 발견한 고난 설교에서 본문 해석의 문제점 위주로 살펴볼 것이다.

하나님의 이미지를 의도적으로 왜곡

첫 번째 문제는 설교자가 본문의 하나님 이미지를 의도적으로 왜곡하는 것이다. 즉, 본문에서 보여주는 하나님의 이미지와는 전혀 다른 하나님의 이미지를 강조하는 것이다. 예를 들어, Y 목사는 누가복음 7장 11절부터 17절을 설교하면서 고난 가운데서도 행복을 주시는 하나님에 대해 강조한다. 그러나 본문은 Y 목사가 전하는 하나님과 전혀 다른 하나님에 대해 증거한다. "주께서는 과부를 보시고 불쌍히" 여기셨으며(13절) 과부의 아들을 살리신 후에 "하나님이 자기 백성을 돌보셨다"(16절). 이처럼 본

Alternative for Preaching on Suffering,"HTS Theological Studies, 77(4): 2; Johan H. Cillers, *God for us: An analysis and assessment of Dutch reformed preaching during the apartheid years* (Stellenbosch: Sun Press, 2006), 8-11; 박성환, "이상근 목사의 설교 분석: 사도신경의 연속 설교를 중심으로",「한국개혁신학」36 (2012): 142-43.

2   설교 분석을 위해 선정한 교단과 설교자에 대한 근거는 다음을 참고하라. Jima Seo, "Redemptive-Historical Narrative Preaching As a Homiletical Alternative for Preaching on Suffering"(Ph.D. diss, University of Pretoria, 2021), 19-21.

문은 백성을 사랑하시고 돌보시는 하나님의 이미지를 보여준다. Y 목사가 제안하는 고난 가운데서도 기쁨을 주시는 하나님의 이미지는 본문이 보여주고자 하는 하나님의 이미지에서 벗어난 것이며 그 근거가 매우 빈약하다. 결론적으로 Y 목사의 메시지는 "고난 뒤에 찾아오는 행복"이라는 주제에 초점을 맞추기 위해 불가피하게 본문에 등장하는 하나님의 이미지를 왜곡하고 있다고 볼 수 있다.

나머지 4명의 설교자의 설교도 본문에 나타난 하나님 이미지와 다른 하나님의 이미지를 선포하고 있다. 그들이 선포하는 하나님 이미지는 고난의 때에 기도를 통해 응답 주시는 하나님, 고난을 통해 복을 주시는 하나님, 고난을 통해 기쁨을 주시는 하나님이다. 분명 그러한 하나님의 이미지를 보여주는 성경 본문도 존재한다. 그러나 문제는 설교자들이 자신들이 선택한 본문과 관련 없는 하나님을 선포한다는 것이다. 이는 설교 본문과는 다르게 설교자가 설정한 메시지에 부합하는 하나님의 이미지를 보여준 것이다. 즉, 설교자가 전하고 싶은 메시지에 적합한 하나님의 이미지를 보여주기 위해 본문을 의도적으로 그릇되게 해석한 것이라 평가할 수 있다.

이러한 해석이 위험한 이유는 하나님에 대한 편향된 이미지를 심어주기 때문이다. 성도들이 복을 주시고 행복을 주시는 하나님에 대해서만 듣고 싶어한다는 생각은 큰 오해다. 그들은 자신의 고난 가운데 하나님이 무엇을 하시는지 알고 싶어하며 본문을 통해 발견하기 원한다. 설교자는 본문 해석을 통해 하나님이 고난의 상황 속에서 그의 백성들을 위해 무엇을 하시는지를 분명히 보여주어야 한다. 그러나 올바른 본문 해석 없이 설교자가 주장하고자 하는 메시지에 하나님 이미지를 끼어 맞추고자 한다면 청중은 하나님에 대해 크게 오해할 수 있다. 우리의 삶에는 다양한 고난이 존재하며 고난의 목적과 이유도 제각기 다르다. 만약 설교자가 복을 주시는 하나님만 강조하면 성도들은 다양한 고난의 목적과 의미도 모른 채 그저 하나님이 복을 주기 위해서만 고통을 일으킨다고 생각할 수 있다. 이런 경우 설교자가 전하는 편향된 하나님 이미지에 따라 하나님을 원망하거나 불신하는 결과를 초래하게 된다.

자의적 해석(Eisegesis)

두 번째 문제는 자의적 해석이다. 자의적 해석이란 설교자가 자신의 독특한 전제나 선이해 혹은 편견에 따라 본문을 해석하는 것을 의미한다.[3] 즉, 본문이 말하고자 하는 메시지를 본문에서 꺼내는 것(out of)이 아니라 본문에 자신이 원하는 의미를 강제로 주입(into)하는 것이다. 이러한 자의적 해석에 근거한 고난 설교는 본문이 전하고자 하는 고난의 신학적 의미 혹은 고난에 대한 올바른 성경적 이해를 바르게 전해줄 수 없다.

설교자들이 고난 설교에서 자주 범하는 자의적 해석은 다음과 같다. 첫 번째는 원자적 해석(atomistic interpretation)으로서 본문에 나타난 특정한 원자(atom), 즉 특정한 단어나 표현을 중심으로 본문을 해석하고 설교하는 것이다.[4] 예를 들어, L 목사는 마가복음 14장 26절을 설교하면서 고난에 대한 해결책으로 찬양을 강조한다. 26절의 "그들이 찬미하고 감람산으로 가니라"에서 찬양이 등장하기 때문이다. 그러나 마가복음 14장 26절에 기록된 찬양은 예수님의 고난과 관련된 특별한 의미의 찬양이 아니라 단순히 유월절 예배에 참여한 제자들이 마지막 순서로 드린 찬양이다.[5] L 목사의 본문 해석은 찬양이라는 주제를 강조하기 위해 본

---

3   Noah Webster, *Webster's New Collegiate Dictionary* (Springfield, MA: G. & C. Merriam Company, 1976), 364.

4   Sidney Greidanus, *Sola Scriptura: Problems and Principles in Preaching Historical Texts* (Eugene, OR: Wipf & Stock, 2001), 63-64.

5   Donald English, 『하나님의 아들 예수 그리스도』, 정옥배 옮김 (서울: IVP, 2000),

문을 특정한 단어에 근거하여 자의적으로 해석한 것이라고 평가
할 수 있다.

이러한 원자적 해석은 인간의 특정 행위에 초점을 맞춘 모범
적 설교(exemplaristic preaching)로 나아갈 위험이 있다. 모범적
설교란 간단히 말해 성경에 등장하는 인물의 특정한 모범을 강조
하는 설교유형이다. 즉, 성경 인물에게서 모범이 될 만한 부분을
찾고 청중이 본받고 따라야 할 모범으로 제시하는 설교이다. 선
정된 설교자들의 설교를 분석해볼 때 기쁨, 행복, 복, 응답과 같
은 본문에 등장하는 특별한 단어나 표현을 고난의 해결책으로 강
조하는 것을 발견할 수 있다. 이와 같이 원자적 해석에 근거한 설
교는 고난에 대한 해결책으로 특정한 모범을 강조할 수밖에 없
다. 이런 경우 본문은 단지 설교자들이 전하고자 하는 메시지를
뒷받침하기 위한 배경이 될 뿐이다.

두 번째 자의적 해석은 신학적 선이해에 근거한 해석(inter-
pretation based on theological preunderstanding)으로서 해석자가
자신이 선호하는 신학적 선이해에 근거하여 본문을 해석하는 것
이다. 우리는 자주 성경을 우리 신념 체계와 조화시키기 위해 우
리가 이미 알고 있는 신학적 체계에 비추어 성경의 의미를 찾고

295.

자 한다. 물론 신학적 선이해에 근거해 본문을 해석하는 것은 어떤 면에서는 도움이 된다. 믿음의 유비(ἀναλογίαν τῆς πίστεως), 즉 성경 본문을 기본적인 믿음의 원리나 진리와 조화롭게 해석하는 것은 해석자에게 올바른 신학적 울타리를 제공한다. 그러나 케빈 벤후저(Kevin Vanhoozer)가 지적하는 것과 같이 신학적 선이해가 항상 올바르다고 생각하는 것은 교만이며 선이해에만 근거하여 본문을 해석할 때 해석자가 자신이 추구하는 의미에서 벗어나는 것을 무시해버릴 위험성이 있다.[6]

고난 설교와 관련하여 설교자들이 가지는 가장 흔한 신학적 선이해가 바로 인과응보의 관점일 것이다. 이 주장의 핵심은 욥의 친구들이 주장하는 것과 같이 특정한 죄에 대한 징벌로 고난을 겪는다는 것이다. 설교학적 신정론에서 다룬 것과 같이 고난의 원인과 책임에 대해 설교하는 것은 중요하다. 그러나 고난이 어떤 특정한 죄로 인한 것이라고 설교하는 것은 마치 욥의 친구들처럼 청중을 정죄함으로 더 큰 상처를 주어 하나님과 말씀에 마음의 문을 닫아버리게 하는 결과를 가져올 수 있다.

---

6   Kevin J. Vanhoozer, *Is there a meaning in this text?: The Bible, the Reader, and the Morality of Literary Knowledge* (Grand Rapids, MI: Zondervan, 1998), 402-03.

또한 인과응보 관점의 고난 설교는 본문에서 말하는 메시지보다 본문에 나타나는 특정한 행위에 더 강조점을 둘 수밖에 없다. 고난이 죄의 징벌이고 그 징벌로부터 벗어나기 위해 어떤 행위가 필요하기 때문이다.[7] 결국 인과응보 관점에 근거한 해석은 고난의 의미를 지나치게 단순화시킬 뿐만 아니라 고난을 해결하기 위해 인간의 노력을 강조하는 인간중심적인 설교(anthropocentric preaching)로 나아갈 위험이 있다. 예를 들어, K 목사는 고난을 해결하기 위해 하나님께 부르짖어야 한다고 주장한다. K 목사는 본문에 등장하는 맹인이 죄로 인해 맹인이 되었다고 전제하며 본문에서 맹인이 예수님께 부르짖어서 죄 용서를 받은 것처럼 우리 역시 고난을 해결하기 위해 하나님께 부르짖어야 한다고 주장한다. Y 목사가 설교한 마가복음 10장 46절부터 52절은 예수님을 향한 맹인의 부르짖음을 강요하는 것이 아니다. 오히려 본문은 맹인의 믿음을 강조하고 있다. 맹인은 예수님을 향해 "다윗의 자손이여 나를 불쌍히 여기소서"라고 부르짖는다. 맹인은 예수님을 메시아라고 믿었고 그 믿음에 근거하여 예수님께 간구하였다. 실제로 그의 믿음은 52절의 예수님의 대답을 통해서 확인된다. 예수님께서는 맹인을 향해 "네 믿음이 너를 구원

---

7   이승진, "고난과 하나님의 섭리에 관한 설교", 「복음과 실천신학」 35 (2015): 259.

하였느니라"라고 말씀하신다. 본문은 맹인이 울부짖어서 구원 받은 것이 아니라 믿음으로 구원 받은 것이라고 분명히 말하는 것이다. K 목사의 본문 해석은 맹인의 믿음보다는 행위에 초점을 두어 고난을 극복하기 위한 중요한 해결책으로 단순히 부르짖는 행위를 강조한 인과응보적 설교라고 볼 수 있다.

구속사적 해석

이 장에서는 고난 설교에서 확인한 해석의 문제점들을 극복하기 위한 대안으로 구속사적 해석을 제안하고자 한다. 먼저 구속사의 정의를 논의한 후 구속사적 해석이 무엇인지 논의할 것이다. 그리고 설교에서 구속사적 해석이 중요한 이유와 구속사적 해석의 방법을 살펴볼 것이다.

성경 신학과 구속사

구속사에 대해 논의하기 위해 성경신학에 대해 살펴보고자 한다. 그 이유는 구속사가 성경신학과 긴밀히 연관되어 있기 때문이다. 일반적으로 성경신학은 특별계시가 어떻게 점진적으로 발전하는지 살펴보고 성경을 통일할 수 있는 주제에 대해 연구하는 것이 주된 목적이다. 성경신학에는 오래된 두 가지 쟁점이 있다. 첫 번째는 성경 전체를 하나의 주제로 통찰할 수 있는지 혹은 다중 주제로 동시에 통찰할 수 있는지에 대한 쟁점이다. 두 번째는 성경 전체를 통찰할 수 있는 주제가 무엇인지에 대한 쟁점이다. 먼저 하나의 주제를 주장하는 학자들은 성경 전체를 통찰할 수 있는 주제로서 하나님의 구원, 언약, 약속과 성취, 하나님의 나라 등을 주장한다. 그러나 단일 주제로 성경 전체를 통찰하기에 부족하다고 여기는 학자들은 다중 주제로 성경에 접근한다. 예를 들어, 찰스 스코비(Charles Scobie)는 「The Ways of God」(2003)에서 성경을 통일하는 다중적 주제로 하나님의 질서, 하나님의 종, 하나님의 백성, 하나님의 길을 제시한다.[8]

그러나 단일 주제이든 다중 주제이든 계시의 유기성과 통일성, 그리고 점진성을 믿는 성경신학자들은 모든 계시가 그리스도에게서 완성된다는 점에서는 이견이 없다. 게할더스 보스(Geerhardus Vos)는 언약 백성을 구원하시는 하나님의 역사가 예수 그리스도의 성육신에서 그 절정을 이루고 있다고 강조한다. 그런 점에서 보스는 성경이 기본적으로 구속적이며 그리스도 중

---

8   Charlie Scobie, *The Ways of Our God: An Approach to Biblical Theology* (Grand Rapids, MI: W.B. Eerdmans Pub, 2003).

심적이라고 주장한다.[9] 이 책에서는 보스의 입장에 근거하여 성경을 통찰하는 성경 신학의 주제로 구속사를 제안하고자 한다.

그렇다면 구속사(Redemptive history, 독일어: Heilsgeschichte)란 무엇인가? 일반적으로 구속사란 하나님이 하나님의 작정에 따라 타락한 죄인들을 구원하시는 역사를 가리킨다. 구속사라는 용어는 구원 역사(Salvation history) 혹은 거룩한 역사(Sacred history)라는 용어로 대체되기도 한다. 그러나 구속사라는 용어가 논란의 여지가 있는 것은 실제로 개혁주의 신학자들뿐만 아니라 자유주의 신학자들도 이 용어를 즐겨 쓰기 때문이다. 자유주의 신학자들은 구속사의 실제적인 역사성(historicity)을 부인하면서 본문이 가지는 실존적인 함의를 더 중요한 것으로 간주한다.[10] 예를 들어, 루돌프 불트만(Rudolf Bultmann)과 그의 추종자들은 케리그마(kerygma)가 꼭 역사적일 필요가 없다고 주장한다.

이 책에서는 개혁주의 신학자들 사이에 통용되는 구속사의 신학적 전제를 고려하여 구속사에 대해 정의하고자 한다. 구속사

---

9   Geerhardus Johannes Vos, *Redemptive History and Biblical Interpretation: The Shorter Writings* (Phillipsburg, NJ: Presbyterian and reformed publ. Co., 1980), XV.

10   여기서는 구속사라는 개념이 신학적으로 발전해 온 변천사를 살피지는 않을 것이다. 구속사에 대한 다양한 신학적 입장들을 모두 살펴보고 논의하는 것이 이 책의 주요 목적이 아니기 때문이다.

의 신학적 전제는 다음과 같다. 첫째, 구속사는 하나님의 주권적인 역사이다. 주권자 하나님이 구원의 계획을 역사의 지평에서 실행하신다. 둘째, 구속사는 예수 그리스도를 중심으로 한 내러티브이다. 골즈워디는 구속사를 창조 사건에서부터 재창조까지 흐름이 있는 거대한 하나의 이야기로 이루어진 거대서사(Meta-narrative)로 이해한다.[11] 구속사를 강조하는 조직신학자 존 프레임(John Frame) 역시 구속사를 하나의 내러티브로 제시한다. 구속사는 하나님이 예수 그리스도를 통해 그의 백성을 죄로부터 구원하시는 내러티브이다.[12] 셋째, 구속사는 역사성(historicity)을 근거로 한다. 구속사는 자유주의 신학자들이 주장하는 것과 같이 세속적인 역사와 분리된 별개의 역사가 아니다. 개혁주의에서는 구속사를 실제 역사 속에서 일어난 하나님의 구원 사건으로 이해한다. 넷째, 구속사는 통일성을 가지고 있다. 구속사는 하나님이 영원 전부터 가지고 계셨던 계획과 목적을 역사를 통해 이루어 가시므로 모든 부분이 상호 연결되어 하나의 통일성을 이룬다. 다섯째, 구속사는 점진적이다. 하나님이 역사 가운데 점진적

---

11   Graeme Goldsworthy, *Preaching the Whole Bible as Christian Scripture: The Application of Biblical theology to Expository Preaching* (Grand Rapids, MI: W.B. Eerdmans Pub, 2000), 86-87.

12   John. M. Frame, *Systematic Theology: An Introduction to Christian Belief* (Phillipsburg, NJ: P & R Publishing, 2013), 537.

으로 구원을 이루어 가신다. 이 책에서는 이 다섯 가지 전제를 고려하여 다음과 같이 구속사를 정의하고자 한다. 구속사란 주권자 하나님이 예수 그리스도를 통해 구속의 사역을 점진적이고 유기적으로 이루어 가시는 역사적인 행위의 과정이다.

구속사의 세 가지 전제

시드니 그레이다누스(Sidney Greidanus)와 에드먼드 클라우니(Edmund Clowney)는 구속사의 공통된 세 가지 전제로서 역사성(historicity), 통일성(unity), 점진성(progression)을 제시한다.[13] 구속사적 해석의 방법은 항상 이 전제를 따르므로 구속사적 해석을 하기 위해 기본적으로 이 세 가지 전제를 항상 고려해야 한다.

첫째, 구속사는 역사성을 가진다. 이 말은 구속사가 역사 가운데 실제로 구현되었다는 것을 의미한다. 구속사는 역사 속에서, 역사와 더불어, 역사를 통하여 전개된다. 보스는 이것을 가리켜 역사 안에서 계시의 실제적 구현(actual embodiment)이라고

13　Greidanus, *Sola Scriptura,* 122-124; Edmund P. Clowney, *Preaching and Biblical theology,* (Phillipsburg, NJ: P & R Publishing, 2002), 17.

표현한다.[14] 하나님은 역사를 통해 자신을 나타내시고 역사에 의해 다음 세대에게 알려지신다.[15] 구약의 이스라엘과 신약의 기독교 신앙은 고상한 사상이나 이념이 아닌 인간 역사에서 활동하신 하나님의 사역에 토대를 둔다.[16]

둘째, 구속사는 통일성을 가진다. 성경은 단 하나의 정확하고 일관성 있는 그림을 제시하는데 그것은 예수 그리스도를 중심으로 하는 하나님의 구속에 관한 것이다. 성경은 하나님이 일관되게 예수 그리스도를 통한 구원의 역사를 진행하고 있음을 보여준다. 그레이다누스는 구속사가 구약과 신약 사이의 통일성의 토대이며 기초라고 주장한다. 그는 「구약의 그리스도, 어떻게 설교할 것인가」에서 하나의 단일한 구속사가 구약과 신약의 중심을 이루고 있으며 "구속사는 옛 언약으로부터 새 언약으로 흘러가는 위대한 강이요 이 두 언약을 함께 붙들어 매는 강"이라고 강조한

---

14   Geerhardus Johannes Vos, *Biblical theology: Old and New Testaments* (Eugene, OR: Wipf and Stock Publishers, 2003), 6.

15   Dan McCartney and Charles Clayton, 『성경해석학』, 김동수 옮김 (서울: IVP, 2001), 58.

16   Sidney Greidanus, 1988, *The Modern Preacher and the Ancient Text: Interpreting and Preaching Biblical Literature* (Grand Rapids, MI: W.B. Eerdmans Pub, 1988), 24.

다.[17] 이와 같이 구속사는 신구약 성경의 통일성의 토대이며 기초가 된다.

셋째, 구속사는 점진성을 가진다. 이는 구속사가 역사 속에서 시간과 더불어 점진적으로 발전되는 것을 의미한다. 클라우니는 계시가 구속사와 더불어 함께 진행된다고 강조한다.[18] 구속 역사에서는 항상 통일성과 점진성이 함께 한다. 구속사는 하나의 통일성 있는 계시의 점진이자 성취이다.

구속사적 해석의 필요성

설교자는 본문 해석을 통해 본문이 말하고자 하는 의도를 파악해야 한다. 그러나 많은 설교자가 본문에 귀 기울이기보다 자신이 원하는 메시지를 얻기 위해 자의적 해석을 시도한다. 오늘날 한국 교회의 고난 설교가 힘을 잃어버린 것도 설교자들이 자의적 해석을 시도하기 때문이다. 이 책에서는 자의적 해석에서 벗어나기 위한 해결책으로 구속사적 해석을 제시하고자 한다. 필

---

17   Sidney Greidanus, 『구약의 그리스도 어떻게 설교할 것인가: 하나의 현대적 해석학 방법론』, 김진섭 외 2명 옮김 (서울: 이레서원, 2003), 92-93.

18   Clowney, *Preaching and Biblical theology*, 8-13.

자가 제시하는 구속사적 해석이란 본문에 기록된 삼위 하나님의
구원 사역 혹은 구원 사건을 목격하고 그것이 가진 구속사적 의
미를 발견하는 해석이다.[19]

성경은 창세기부터 요한계시록까지 하나님의 구원 사역에
대해 기록하고 있으며 모든 본문은 구속사라는 특별한 배경 위에
기록되었다. 성경 본문에 기록된 하나님의 구원 사역은 오늘날에
도 여전히 진행 중이다. 존 스토트(John Stott)는 하나님의 구속이
인간 역사의 중심을 이루고 있으며 하나님이 지금도 역사 가운
데 구속의 계획을 시행하고 계신다고 강조한다.[20] 이러한 구속사

---

19   구속사적 해석에 대해 명확한 정의를 내리기는 쉽지 않다. 학자들마다
강조하는 요점이 다르기 때문이다. 예를 들어, 그리스도 중심적 원리를 강조하는
학자들은 구속사적 해석에서 구원과 계시의 핵심인 예수 그리스도를 강조한다.
골즈워디는 예수 그리스도를 언급하지 않고는 그 본문의 참된 뜻을 드러낼 성경이
없으며 본문을 해석하기 위해 본문을 예수 그리스도라는 인물과 사역과 연결해야 한다고
주장한다. Graeme Goldsworthy, *Preaching the Whole Bible as Christian Scripture: The
Application of Biblical theology to Expository Preaching* (Grand Rapids, MI: W.B. Eerdmans
Pub. 2000), 143; 198. 구속사의 중심은 예수 그리스도이며 그리스도를 통한 구속이
성경의 핵심 주제로 선포해야 할 핵심 내용임은 분명하다. 그러나 성경이 말하는 구원은
삼위 하나님이 이루시는 은혜의 결과이다. 삼위 하나님이 함께 의논하시고(Divine
council) 함께 사역하셨다(co-worked). 그러므로 필자는 구속사적 해석을 다음과 같이
정의하고자 한다. 구속사적 해석이란 본문에 기록된 삼위 하나님의 구원 사역 혹은 구원
사건을 목격하고 그것이 가진 구속사적 의미를 발견하는 해석이다.

20   John R. W. Stott, 『설교론』, 원광연 옮김 (고양: 크리스챤다이제스트, 2005), 97.

적 관점에서 본문을 해석하는 것이 매우 중요하다. 설교자의 본문 해석 작업이 단순히 몇 가지 해석 방법론을 숙지하는 것만으로는 부족하다. 보스의 말대로 계시에 대한 해석은 반드시 하나님의 구속에 관한 해석이 되어야 한다.[21]

특별히 고난 설교에서 구속사적 해석이 매우 중요하다. 설교자는 구속사적 해석을 통해 하나님의 구원 사역을 발견하고 고난을 겪는 신자들에게 그들의 삶에서 일하시며 역사하시는 하나님을 보여줄 수 있다. 고난이 닥치면 신자들은 종종 하나님이 의인의 간구를 외면한 채 숨어 계신다고 생각한다(사 45:15). 그러나 설교자는 하나님이 그들의 고난 속에서 지금도 일하고 계시며 이 고난의 시간을 통해 구원의 역사를 이루어 가신다는 것을 알려주어야 한다. 고난 설교의 목적을 위해 필요한 것이 바로 구속사적 해석이다. 구속사적 해석은 하나님이 "그때 그리고 거기"(Then and There) 본문 안에서만 일하시는 것이 아니라 "지금 그리고 여기"(Now and Here) 오늘날에도 여전히 동일하게 일하신다는 것을 보여준다.

---

21   Vos, *Biblical theology*, 5-6.

구속사적 해석의 방법

구속사적 해석은 역사와 문학, 그리고 신학의 세 가지 차원으로 다음의 해석 방법을 따른다.

첫 번째 해석은 문법적-역사적 해석(Grammatical-Historical Method)으로서 구속사적 해석에서 가장 기본이 되는 해석이다. 그 이유는 하나님의 구원 사역이 기록된 성경 본문이 특정한 상황의 산물이기 때문이다. 하나님의 구원 사역은 본문이 기록된 특정한 문화와 상황 속에서 이루어진다. 문법적-역사적 해석은 본문의 문법과 역사를 연구하여 저자가 독자들에게 전하고자 하는 의도를 찾아내는 것이다.[22] 문법적-역사적 해석은 단어와 표현, 장르 등과 같은 문법적인 사항을 연구하고 그 본문이 기록된 역사적 상황, 특별히 저자의 배경과 목적을 연구한다.

문법적 해석의 목적은 성경 본문에 기록된 단어의 뜻을 연구하여 그 단어가 다른 단어와 어떤 관계에 있는지 살피고 격, 법, 시상이 문장에 미치는 영향, 그리고 사상의 발전 등을 연구하여

---

22 Bryan Chapell, *Christ-centred Preaching: Redeeming the Expository Sermon* (Grand Rapids, MI: Baker Academic, 2005), 77.

그 언어가 당시에 어떤 의미로 사용되었는지 찾아내는 것이다. 문법적 성경 해석은 설교자들로 하여금 본문의 놀라운 전환점과 뉘앙스, 그리고 움직임을 더 잘 이해해서 이런 문학적인 요소를 설교에서 효과적으로 사용하는 데 많은 도움을 준다.

역사적 해석은 본문이 기록된 당시의 문화적, 종교적, 정치적, 문학적 환경에 대해 조사하는 것이다. 역사적 해석은 성경 본문이 하나님의 말씀으로서 처음 독자들에게 계시된 시대적 맥락 안에서 본문이 전하고자 하는 메시지를 발견하는 것을 목표로 한다. 성경 본문은 과거의 특정한 역사적인 배경 속에서 기록되었으므로[23] 오늘 이 시대의 상황과 성경 본문이 기록될 당시의 상황 사이에는 커다란 간격이 있다. 성경이 기록될 당시의 청중들과 이 시대의 청중들 사이에도 커다란 간격이 있다. 그러므로 어떤 본문이든지 본래의 역사적 배경을 고려하지 않고서는 그 의미를 제대로 파악할 수 없다.

두 번째 해석은 종합적 해석(Synthetic interpretation)이다. 종합적 해석은 본문을 그 본문의 고유성 안에서 보는 것이다. 종합적 해석은 본문에 담겨있는 요소들의 특별한 관계(종합)에 주의를 기울인다. 각각의 본문은 그 자체의 고유한 요소를 가지고 있

---

23 Cilliers, *The Living Voice of the Gospel*, 105-06.

으며 특수한 종합을 통해 고유한 메시지를 전달한다. 예를 들어, 룻기 1장은 나오미가 약속의 땅 베들레헴을 떠나 이방 모압으로 갔다는 사실을 기록한다. 흉년을 극복하기 위해 이주한다는 사실은 오늘날의 관점에서 큰 의미가 없지만, 룻기의 전체적인 맥락에서 볼 때 그 사건 자체가 전달하는 고유한 메시지가 있다. 나오미가 약속의 땅을 떠나 모압으로 간 것은 그 길이 인간적으로 흉년을 극복할 수 있는 최선의 방법이라고 생각했기 때문이다. 하나님의 약속을 붙들고 하나님의 개입을 기다리기보다 당장 현실의 어려움을 해결하기 위해 간 것이다. 본문은 남편과 아들들의 죽음 그리고 모압 신에 대한 언급 등의 여러 요소를 통해 종합적으로 독자들에게 메시지를 전달하고 있다. 결국 룻기 1장에서 약속의 땅을 떠나는 것은 하나님의 약속과 명령을 어기는 불순종을 의미한다. 본문에서 나오미가 모압에 간 사건을 단순히 고향을 떠났다거나 지리적 장소의 이동 정도로만 해석하는 것은 본문이 전하고자 하는 고유한 의미를 제대로 파악하지 못한 것이라 할 수 있다.

세 번째 해석은 유기적 해석(Organic interpretation)이다. 유기적 해석이란 간단하게 말해 구속사라는 더 큰 맥락 안에서 본문을 해석하여 본문의 구속사적 의미를 찾아내는 것이다. 성경은 흩어진 여러 조각을 수집한 집합체가 아니다. 설교자는 어떤 본문을 해석하든지 구속사의 흐름 속에서 해석해야 한다. 성경 본문을 해석할 때 통일성의 원리와 유기적 구조를 무시하면 설교자는 하나님의 구속의 손길과 계시의 음성을 놓친 채 교훈 중심의 메시지를 얻을 수밖에 없다. 따라서 설교자는 본문의 가까운 문맥으로부터 시작하여 각 권의 맥락, 신구약 성경의 맥락, 성경의 전체 구조의 맥락을 살펴보고 그 본문이 하나님의 큰 구원 계획 가운데 어디에 위치하는지 확인하여 본문이 말하고자 하는 진정한 메시지를 찾아내야 한다. 예를 들어, 룻기서는 의도적으로 본문이 사사시대에 기록되었음을 밝힌다(룻 1:1). 이것은 룻기서가 사사시대라는 구속사의 특정한 맥락 아래 해석되어야 한다는 것을 암시한다. 사사기 21장 25절은 사사시대의 특징을 다음과 같이 밝힌다. "그 때에 이스라엘에 왕이 없으므로 사람이 각기 자기의 소견에 옳은 대로 행하였더라" 설교자는 이러한 사사시대의 특징을 잘 참고하여 룻기의 본문이 전하고자 하는 구속사적 의미가 무엇인지를 더 풍성히 발견할 수 있을 것이다.

요약하자면 구속사적 해석은 다음의 3가지 단계로 진행된다. 첫째, 역사적-문법적 해석을 통해 본문에 대한 의미를 파악한다. 둘째, 종합적 해석을 통해 본문의 고유한 메시지를 파악한다. 셋째, 유기적 해석을 통해 본문의 고유한 메시지를 구속사 전체의 폭넓은 맥락 가운데 해석한다.

구속사적 설교

이어서 구속사적 설교에 대해 살펴보고 구속사적 설교가 가지는 한계를 논의할 것이다. 또한 초기 구속사적 설교의 한계를 극복하고 구속사적 설교의 지평을 넓힌 학자들의 주장을 살펴보고자 한다.

구속사적 설교의 배경

구속사적 설교의 이해를 돕기 위해 그 배경을 살펴보는 것이 도움이 될 것이다. 구속사적 설교라는 용어는 1930년대 말 화란의 칼빈주의자들에 의해 사용되었다. 제1, 2차 세계대전 사이에 화란 개혁파 교회 내에서 성경해석과 설교 운동에 새로운 운동이 일어났는데 이 운동을 이끈 집단이 "새로운 방향"(New direction)이라고 불리는 화란 개혁주의들이었다. 새로운 방향은 당시 논란이 되었던 변증신학, 주관주의, 그리고 모범적 설교에 대해 강력하게 비판하며 그 대안으로 "구속사적 설교"를 제안하였다.[24]

---

24   Greidanus, *Sola Scriptura*, 22-23.

변증신학에 대한 반발

20세기 초기의 화란 개혁교회는 칼 바르트(Karl Barth)의 변증
신학(dialectical theology)에 의한 영향으로 혼란한 상태에 있었다.
바르트를 중심으로 하는 변증신학에서는 역사가 "자연"의 한 부
분으로서 절대 타자이신 하나님과 대립적인 관계로 존재한다. 변
증신학의 이러한 이원론적 입장에 의하면 하나님의 계시가 역사
가운데 들어오기는 하지만 번개처럼 수직적으로 들어온다. 당시
의 설교학 역시 이러한 변증신학의 이원론적 주장에 큰 영향을
받고 있었다. 변증신학의 입장에서 볼 때 구속사라는 용어 자체
가 모순이이므로[25] 바르트를 따르는 이들은 자연스럽게 변증신학
을 토대로 한 실존주의적인 설교를 앞세웠다.

화란의 개혁주의 신학자들은 자연스럽게 변증신학에 대한 논
쟁에 참여하게 되었다. 변증법적 신학에 대한 반응으로서 바르트
를 카이퍼 신학의 개선책으로 환영한 이도 있었고 카이퍼와 바르
트를 결합하려고 한 이들도 있었다. 변증법적 신학을 공격한 선
두주자 중 한 명이 바로 구속사적 설교론의 창시자인 클라스 스
힐더르(K. Schilder)이다. 스힐더르는 바르트가 하나님의 특별계

---

25   Greidanus, *Sola Scriptura*, 30-32.

시의 역사를 살해하였다고 비판하였다. 그는 바르트의 변증신학이 성경의 계시사에 대해 그릇된 이해를 가지고 있기 때문에 성경에 대한 올바른 해석을 할 수 없다고 지적하였다.[26] 스힐더르를 중심으로 한 새로운 방향은 변증신학의 이원론적 입장에 반대해 구속사를 더욱 강조하였고 변증신학에 근거한 실존주의적 설교의 반작용으로서 구속사적 설교를 주장하였다. 구속사적 설교는 변증신학에 대한 반작용의 산물이라고 할 수 있다.

주관주의에 대한 반발

구속사적 설교는 화란 교회의 주관주의에 대한 반작용에서 시작되었다. 1930년대를 전후해서 화란 개혁교회에서는 그리스도인의 체험을 강조하는 주관주의(subjectivism)가 유행하였다. 화란의 경건주의로 표방되는 주관주의는 그리스도인의 체험을 강조하였다. 주관주의는 개인주의, 그리스도 없는 신앙생활, 비성경적인 교회관, 심리적 느낌, 인간 중심적 관점 등의 경향으로 나타났다.[27] 이런 경건주의적 경향은 성경 계시보다 인간의 경험이나 주관적인 느낌을 더 강조하였다.

---

26   Greidanus, *Sola Scriptura*, 31.

27   Greidanus, *Sola Scriptura*, 33.

새로운 방향은 주관주의의 3가지 관점을 반대하였다. 첫째, 주관주의의 인간 중심적 관점을 반대하였다. 새로운 방향은 주관주의가 사람을 종교의 중심에 두고 있는 것을 비판하고 하나님 은혜를 가르치고 강조하는 성경으로 다시 돌아갈 것을 촉구하였다. 둘째, 주관주의가 자기 점검을 과도하게 강조하는 것을 반대하였다. 새로운 방향은 자기 점검을 통해 신앙의 확신을 얻는다고 주장하는 주관주의의 입장을 반대하고 오직 믿음으로 그러한 확신에 도달할 수 있다고 주장하였다. 셋째, 개인주의에 대하여 반대하였다. 새로운 방향은 주관주의가 지나치게 개인주의적인 것을 지적하고 신자 개인이 언제나 신앙 공동체와의 유기적인 관계로 이어져 있음을 강조하였다.

모범적 설교에 대한 반발

모범적 설교(exemplary preaching)란 본문에 등장하는 인물의 특정한 행위를 본보기나 모범으로 제시하는 설교이다. 모범적 설교는 성경 인물의 좋은 부분을 신앙의 모범으로 제시할 뿐만 아니라 그들의 죄악과 연약함을 본받지 말아야 할 경고로 제시하기도 한다. 모범적 설교의 기원은 정확히 알 수 없으나 기독교 초기에서부터 현재에 이르기까지 설교자들이 자주 사용하는 설교 방법이다. 실제로 초대교회의 교부인 알렉산드리아 클레멘트

(Alexandrian Clement)는 성경을 "윤리적 모범을 보여주는 책"(a book of ethical models)이나 "모형 전시장"(picture gallery)으로 생각했다. 순교자 저스틴(Justin Martyr)은 예배의식에 대해 기록하면서 설교자들이 청중에게 본문의 좋은 모범을 따르도록 강권해야 한다고 하였다.[28] 모범적 설교는 중세를 거쳐 계속 이어졌으며 루터와 칼빈 역시 이러한 설교방법에서 온전히 벗어나지는 못한 것 같다.[29]

새로운 방향의 개혁주의자들은 모범적 설교를 반대하고 구속사적 설교를 주장하였다. 그들은 모범적 설교를 다음의 이유로 반대하였다. 첫째, 모범적 설교의 예증적 해석(illustrative interpretation)을 반대하였다. 예증적 해석이란 어떤 주장이나 진리를 증명하기 위해 성경의 본문을 실례로 들어 증명하는 것을 말한다. 모범적 설교자들은 자신들의 메시지를 정당화하기 위해 다른 본문을 예증적으로 사용하였다. 구속사적 설교를 주장하는 이들은 예증을 위해 다른 본문을 무분별하게 사용하는 것을 반대하였다. 이러한 무분별한 예증적 해석이 본문이 가진 고유성을 없앨 수 있다고 비판하였다. 둘째, 단편적 해석(fragmentary

---

28 정성구, 『개혁주의 설교학』 (서울: 총신대학출판부, 2001), 355.

29 Greidanus, *Sola Scriptura*, 9.

interpretation)을 반대하였다. 단편적 해석은 본문을 해석할 때 전후 맥락이나 성경 전체적인 맥락이 아니라 본문만 따로 떼어내어 해석하는 것이다. 모범적 설교자들은 모범을 찾기 위해 본문을 성경 전체에서 따로 떼어내어 해석하였다. 새로운 방향은 이러한 단편적 해석이 본문이 가진 통일성을 파괴하고 성경을 여러 작은 이야기로 해체하는 결과를 초래한다고 비판하였다. 셋째, 원자적 해석(atomistic interpretation)을 반대하였다. 단편적이라는 말이 본문을 전체 성경으로부터 분리하는 것이라면 원자적이란 말은 본문의 특정한 요소에만 집중하는 것을 의미한다. 모범적 설교자들은 청중에게 모범을 제시하기 위해 본문에 등장하는 인물의 특정한 행위에만 집중하였다. 새로운 방향은 이러한 원자적 해석이 본문이 기록된 당시의 사람들과 오늘날 사람들 사이의 역사적 단절을 간과하고 과거와 현재 사이에 억지 등식 부호를 넣어 "그때 = 지금"이라는 결과를 낳는다고 비판하였다.

새로운 방향은 모범적 설교가 하나님이 아닌 사람에게 지나치게 초점을 맞추고 성경의 인물을 닮아야 할 "모범"으로 사용함으로 설교를 인간중심적인 설교로 전락시킨다고 여겼다. 이들은 모범적 설교에 반대하여 구속사적 설교를 제안하였다. 결론적으로 구속사적 설교는 모범적 설교에 대한 반작용에서 시작되었다고 할 수 있다.

구속사적 설교의 정의와 목표

구속사적 설교에 대한 여러 가지 다양한 정의가 있다. 학자들마다 구속사적 설교의 정의에 차이가 있음에도 항상 일치하는 것이 있다. 구속사의 중심이 예수 그리스도라는 사실이다. 이러한 이유로 종종 구속사적 설교가 그리스도 중심적 설교 또는 기독론적 설교 등의 다양한 용어로 표현된다.[30] 그러나 구속사적 설교가 그리스도에게만 지나치게 초점을 맞출 경우 그리스도 일원론적 설교(Christomonic preaching)으로 나아갈 위험성이 있다. 그리스도 일원론적 설교란 삼위 하나님 가운데 오직 그리스도만을 별도로 강조하는 설교를 말한다.

구원 사역은 삼위 하나님의 협동 사역이다. 구원 사역에 있어 삼위 하나님이 각자 별개로 역사하신 것이 아니라 함께 의논하시고(Divine council) 함께 사역하셨다(co-worked). 성경에는 삼위 하나님 중 한 위격에 특별히 초점을 맞추는 본문들도 있다. 이를테면 작정과 관련된 본문에서는 성부 하나님을, 성화가 강조되는 본문에서는 성령 하나님을 부각한다. 그럼에도 본문은 언제나

---

30   정창균, "기독론적 설교의 당위성과 한계성", 「신학정론」 24/2 (2006년 11월): 498.

삼위 하나님의 협동 사역을 기본적으로 전제하고 있다.[31] 필자는 이러한 관점에서 구속사적 설교를 정의하고자 한다. 구속사적 해석이 본문에 기록된 삼위 하나님의 구원 사역과 구속사적 의미(Redemptive-historical meaning)를 발견하는 해석이라면, 구속사적 설교는 본문이 오늘날의 독자들에게 전하는 구속사적 의도(Redemptive-historical intention)를 선포하는 것이다. 즉, 구속사적 설교란 구속사적 해석에 근거하여 오늘날 청중에게 본문이 전하고자 하는 메시지를 전달하는 것이다.

구속사적 설교는 다음의 목표를 가진다.

첫째, 하나님의 구원 사역이 과거의 기록에서 끝난 것이 아니라 오늘날에도 진행 중이라는 것을 깨닫도록 하는 것이다. 설교는 단순히 본문 해석에서 끝나는 것이 아니다. 구속사적 설교는 성경 본문을 통하여 과거와 동일한 능력과 방식으로 오늘도 신자들의 삶 속에서 구속을 이루어가시는 하나님을 선포한다. 구속사적 설교는 본문에 기록된 과거의 구속사가 말씀 사역을 통해 현재화되는 것을 추구한다.[32] 예를 들어, 설교자는 룻기서 안에서

31　김창훈도 본인과 비슷한 생각을 하는 것 같다. 김창훈의 『하나님 중심적 설교』의 14장을 참고하라. 김창훈, 『하나님 중심적 설교』 (서울: 호밀리아, 2016).

32　이승진, "구속사적 관점에 기초한 설교목회", 「신학정론」 31 (2013): 132.

보이지 않는 손길로 섭리하시는 하나님을 발견하고 오늘도 신자들의 삶에 섭리하시는 하나님에 대해 설교할 수 있다.

둘째, 하나님의 구원 사역에 근거하여 메시지를 적용하는 것이다. 보스는 구속사를 객관적이고 중심적인 차원(objective-central)과 주관적이고 개별적인 차원(subjective-individual)으로 분류한다. 객관적인 차원은 성경에 기록된 하나님의 객관적인 구원 사역에 관한 내용을 의미한다. 객관적인 차원의 구속은 다시 반복되지 않으며 여기에는 하나님의 구원 사역들, 예를 들어 성육신과 그리스도의 부활 등이 포함된다. 주관적인[33] 차원은 개인에게 주관적인 적용이 일어나는 구속사의 영역을 의미한다. 주관적인 차원의 구속은 반복될 수 있으며 중생, 칭의, 회심, 성화 등이 포함된다. 요약하자면 객관적인 차원은 다시 반복될 수 없는 하나님의 구원 사역이며 주관적인 차원은 하나님의 구원 사역으로 인해 개인이나 공동체의 주관적인 영역에서 일어나는 반응과 변화이다. 보스는 구속사의 이 두 가지 측면이 떨어질 수 없으며 언제나 함께한다고 강조한다.[34] 이와 같이 하나님의 구속사가 본

---

33 여기에서 사용한 "주관적"이란 용어는 하나님의 구원 사역이 각각 개인과 공동체의 주관적인 영역에 적용된다는 측면에서 사용하였다.

34 Vos, *Biblical theology*, 6.

질적으로 객관적인 차원과 주관적인 차원을 모두 포함하기 때문에 설교자는 하나님의 구원 사역과 더불어 그 구원 사역에 합당한 반응까지 촉구할 수 있다. 설교자는 구원 받은 하나님 나라의 백성이 어떤 삶을 살아야 할지 청중에게 전해야 한다.

구속사적 설교의 한계

구속사적 설교는 성경의 단일성과 통일성, 그리고 하나님의 구원 사역의 유기적 연속성에 근거를 두고 특정 본문의 의도를 구속사적 관점에서 밝히는 데 공헌하였다.[35] 그러나 구속사적 설교의 한계도 있으므로 그에 대해 살펴보고자 한다.

문법적-역사적 해석의 부재

본문 해석의 가장 기본이 되는 해석이 문법적-역사적 해석이다. 설교자는 본문 안에 내재된 문학적이며 역사적인 장치를 통해 본문의 고유한 의미를 발견한다. 신학적 해석은 이러한 문법적-역사적 해석의 기초 위에 이루어진다. 설교자가 이러한 순서

---

35   정창균, "기독론적 설교의 당위성과 한계성", 43.

를 무시하고 신학적인 해석을 먼저 할 경우 본문이 말하는 메시지가 아닌 특정한 신학적 입장만을 전달할 위험성이 있다.

구속사적 설교 역시 마찬가지이다. 설교자가 구속사적 해석의 가장 기초인 문법적-역사적 해석을 무시하고 섣불리 구속사적 관점을 본문으로 끌고 올 때 본문이 말하고자 하는 고유한 메시지를 잃어버릴 위험성이 있다. 김지찬은 본문 해석 단계에서 섣부른 구속사적 관점의 적용의 위험성에 대해 다음과 같이 경고한다.

구속사의 틀이 너무 빠르게 본문 주해의 1차 단계에 들어오는 것이 지금까지 소위 '구속사적 설교'라는 상당수의 설교의 내장적인 문제라고 할 수 있다. '구속사'라는 틀(때로는 온당하지 않은 잘못된 구속 개념을 가지고)이 1차적 본문 주해를 집어삼킴으로써 본문의 문법적, 역사적 의미를 제대로 이해하지 못하게 만드는 점을 주의해야 한다.[36]

이 지적의 핵심은 구속사적 설교의 원리가 본문의 1차적 주해

---

36 김지찬, "역사서와 기독론적 설교: 여호수아 5장 1-9절을 중심으로", 「그말씀」(2002년 12월): 53.

과정에 지나치게 간섭함으로 본문의 고유성을 잃어버린다는 것이다. 김지찬은 자신의 주장을 뒷받침하기 위해 구속사적 설교를 주창하는 고재수(N. H. Gootjes)의 「구속사적 설교의 실제」에 실린 "아브라함의 거짓말"이라는 설교를 예로 제시한다. 고재수는 창세기 12장 10절부터 20절을 본문으로 한 설교에서 하나님이 이미 삼천 년 전에 우리의 구원을 내다보시면서 사래를 왕궁에서 건지셨고 이것이 본문의 핵심 메시지라고 주장한다. 이에 대해 김지찬은 과연 그것이 본문이 말하고자 하는 메시지인지 의문을 제기한다. 김지찬은 본문이 하나님의 약속을 믿지 않는 아브람의 불신앙에 대해 이야기한다고 강조한다. 본문 역시 김지찬의 주장을 지지하는 것 같다. 본문은 기근의 때에 약속의 땅을 떠나 애굽으로 간 아브라함의 불신앙의 모습을 반복하여 강조하고 있다.

성경의 특정 본문들은 전체적인 흐름에서 구속사라고 하는 하나의 이야기 속에 들어있는 작은 이야기들(stories in the story)이다. 이 작은 이야기들은 그 자체로서 존재 이유와 가치가 있다. 모든 본문은 각각 고유한 내용과 고유한 메시지를 가지고 있다. 구속사적 관점으로 본문을 해석하는 것은 이러한 본문의 고유한 내용과 메시지를 무시하는 것을 의미하지 않는다. 오히려 분문의 내용과 메시지를 문법적으로나 역사적으로 충분히 연구하고 그 자료에 근거하여 구속사적 관점으로 해석하는 것이다. 설교자가 이러한 사실을 망각하고 해석의 첫 단계부터 섣불리 구속사적 관점을 대입한다면 본문 안에 담긴 고유한 메시지는 증발되고 말 것이다.

적용의 부재

앞에서 논의한 것과 같이 구속사적 설교의 목표 중 하나는 본문을 적용하는 것이다. 구속사적 설교를 주창하는 이들 중에서는 적용이 중요하지 않다고 주장하기도 한다. 이러한 입장은 결국 본문을 오늘날의 청중과는 직접적인 관련 없이 마치 화석과 같은 과거 유품으로 전락시켜 버리는 위험성이 있다. 이에 대해 데릭 토마스(Derek Thomas)는 「Feed My Sheep: A Passionate Plea for Preaching」에서 다음과 같이 지적한다.

이들은 성경 본문을 역사적으로 발전해 온 하나님의 구원 계획에 짜 맞춘다. 이런 형태의 설교는 구원사의 흐름을 다루는 데 많은 시간을 소비하게 된다. 이런 설교를 처음 들을 때는 손에 땀을 쥐듯 흥미진진하다. 하지만 여러 번 듣다 보면 늘 구원 역사를 반복하는 내용이 나오기 때문에 지루하게 느껴진다. 더욱이 이런 설교는 도덕적인 적용을 피하려고 하기 때문에 청중은 자신의 삶과는 무관한 한 편의 드라마를 듣는 것으로 끝나는 경우가 많다. 이처럼 구원 사적인 설교는 많은 지식과 정보를 제공함에도 불구하고 삶의 변화를 촉구하는 적용이 전혀 이루어지지 않는다.[37]

모범론적 설교론자들 역시 토마스와 비슷한 비판을 가한다. 그들은 구속사적 설교가 실천적인 면을 소홀히 한다고 비판한다. 구속사적 설교가 본문의 구속사적 의미에 집착하지만, 그 의미가 오늘의 청중에게 함축하는 바에는 크게 관심 두지 않는다는 것이다. 이러한 비판에도 불구하고 기존의 구속사적 설교론자들이 적용을 중요한 것으로 생각하지 않는 경우가 많다. 그들은 본문 자체가 적실성을 가지고 있으므로 적용이 무의미하다고 생각한다. 이러한 입장에 의하면 오히려 적용을 추구하는 설교는 본문을 다루는 유능한 설교자의 기술이나 방법론에 불과하다.[38]

기존의 구속사적 설교론자들이 적용에 대한 부정적 시각을 가지게 된 가장 근본적인 원인은 무엇일까? 그 원인은 구속사적 성경 해석 자체를 구속사적 설교라고 생각하기 때문이다. 이들에게 구속사적 설교란 특정 본문이 성경 전체의 구속사의 한 부분

---

37   Derek W. H. Thomas, "Expository Preaching," in *Feed My Sheep: A Passionate Plea for Preaching,* ed. Don Kistler (Morgan: Soli Deo Gloria, 2002), 90.

38   Greidanus, *The Modern Preacher and the Ancient Text,* 348-52.

으로서 차지하는 위치와 구속적 의미를 치밀하게 밝혀 드러내는 것이다. 이것은 곧 구속사적 관점의 성경 해석으로서 구속사적 설교라 할 수 없다. 구속사적 설교는 단순히 구속사적 의미의 선포뿐만 아니라 본문에 숨겨진 구속사적 의도를 청중들에게 요구하는 자리까지 나아가야 한다. 구속사적 설교에서 적용을 생략한 설교는 하나님의 구원 사역에 관한 좋은 강의가 될 뿐이다. 그저 하나님의 구원하심을 보여주는 구속사적 해석에 그친 채 본문의 메시지가 생생하게 살아서 오늘날의 청중에게 와 닿지 못하게 되는 것이다.

그리스도 중심성에 대한 오해

그리스도 중심의 관점에서 구속사적 설교를 주장하는 이들이 범하기 쉬운 가장 큰 오해와 위험은 성경의 모든 본문에서 반드시 예수님을 언급해야 한다고 믿는 것이다. 즉, 성경의 어느 본문을 설교하든지 언제나 그리스도 혹은 그리스도의 구속 사건에 관해서 언급하는 것이다. 예를 들어, 기생 라합이 늘어뜨린 천과 같이 빨간색이 나오면 곧바로 그리스도의 피로, 나무가 나오면 그리스도의 십자가로, 산이 나오면 그리스도께서 십자가를 지고 올라가신 산으로 비약하는 것과 같은 식이다.

그리스도 중심적 설교라 해서 그리스도에 대한 언급이나 혹은 십자가 사건에 대한 언급을 무리하게 시도할 필요는 없다. 구속사의 그리스도 중심성이 반드시 예수 그리스도를 언급해야 한다는 것을 의미하지 않는다. 그레이다누스가 지적하듯 그리스도를 설교하는 것은 때로 하나님 나라의 복음을 전하는 것만큼이나 광범위한 과제이다.[39] 오히려 설교자는 본문과 무관하게 그리스도를 언급하려는 유혹을 끊임없이 경계해야 한다. 그리스도 중심의 설교를 강조하는 클라우니는 그리스도 중심성의 원리를 오해하여 모든 본문에서 그리스도를 찾기 위해 무리한 풍유적 해석을 시도하는 것에 대해 맹렬하게 경고한다.[40] 그레이다누스 역시 설교자가 성경 본문에서 그리스도를 말하기 위하여 종종 알레고리 해석이나 제 맘대로 푸는 식의 모형론적 해석과 같은 함정을 피해야 한다고 경고한다. 그는 어떻게 해서든지 설교 때마다 나사렛 예수를 언급하는 것을 방법론적 원리로 생각하여 모든 본문에서 예수님을 언급하는 것은 본문과 예수님을 무리하게 연결함으로써 오히려 예수님을 속이는 것이 된다고 강조한다.[41]

---

39 Greidanus, 『구약의 그리스도 어떻게 설교할 것인가』, 37-40.

40 Edmund P. Clowney, 『설교와 성경신학』, 류근상 옮김 (고양:크리스챤출판사, 2003), 70.

41 Sidney Greidanus, 『성경 해석과 성경적 설교』, 김영철 옮김 (서울: 여수룬, 2012), 228.

구속사적 설교의 발전

많은 학자는 구속사적 설교의 한계를 인정하는 가운데 발전적으로 수정된 구속사적 설교를 주장하였다. 여기에서는 에드문드 클라우니, 시드니 그레이다누스, 브라이언 채플의 이론을 중심으로 살펴보면서 현재 논의되고 있는 구속사적 설교의 지평을 더욱 넓히고자 한다.

에드문드 클라우니

클라우니는 성경 신학의 중요성을 강조하는 신학자이다. 그는 성경 신학의 필요성에 대하여 다음과 같이 주장한다.

이 계시는 단번에 주어지거나 신학사전과 같은 형태로 주어진 것이 아니다. 계시의 과정은 구속사와 더불어 진행되기 때문에 점진적으로 주어진다. 구속사 는 획일적으로 전개되는 것이 아니라 하나님의 구속적 행위로 말미암아 구분된 시대별로 진행된다. 따라서 계시는 시대적 구조를 가지며 이러한 모습은 성경에 뚜렷이 나타난다. … 성경 신학은 시대의 진행에 따라 점차 확장되어 가는 신학적 지평을 바라보면서 각 시대별 계시의 성격과 내용을 체계화한다. 이렇게 볼 때 성경 신학은 합리적이고 반드시 필요

한 것이다.[42]

클라우니는 성경 신학이 모든 설교의 토대가 된다고 강력히 주장한다.[43] 그는 성경 신학적 설교를 위해서는 무엇보다 먼저 본문에 대한 성경 신학적 해석이 이루어져야 한다고 말한다. 또한 그는 성경이 일관된 구속사적 구조를 가지고 있으며 설교자가 본문에 대한 구속사적 의미를 연구하고 찾아내야 한다고 주장한다. 이런 점에서 클라우니가 말하는 성경 신학적 설교는 구속사적 설교라고 할 수 있다.

클라우니는 윤리적 설교와 구속사적 설교를 대립시키는 잘못을 범해서도 안 된다고 주장한다. 그는 구속사적 설교에 윤리적 적용이 반드시 따라오며 설교에 있어서 본질적인 요소라고 지적한다.[44] 구속사는 윤리적인 요구, 즉 인간의 믿음과 순종이라는 종교적인 반응이 요구된다는 것이다. 클라우니는 성경의 이야기가 수많은 사람의 삶 속에 기록되어 있는 참 역사로서 그 이야기 속의 인물들이 세상에서 인내하며 하나님의 신실하심을 믿었다

---

42 Clowney, 『설교와 성경신학』, 8.

43 Clowney, 『설교와 성경신학』, 23.

44 Clowney, *Preaching and Biblical Theology*, 79-80.

고 평가한다. 그는 구속사적 접근이 윤리적인 것과 결코 대립적 관계를 이루지 않으며 구속사적 설교와 윤리적 적용에 대하여 이분법적으로 분리하는 것을 피할 것을 주장한다.[45]

클라우니는 또한 초기 화란의 배타적인 개혁주의자들처럼 구속사적 해석만 전하는 극단적인 입장의 구속사적 설교를 반대한다. 그는 구속사적 해석만 강조하는 구속사적 접근에 대해 회의적이다. 그는 구속사에서 중요한 역할을 맡은 성경 인물들의 삶이나 행위에 있어서 윤리적 요소들은 결코 인위적이거나 불합리한 것이 아니라고 보았다. 오히려 그는 일관된 전체 구속사적 구조에서 볼 때 본문에 등장하는 인물들의 풍성한 실천이 오늘의 청중들에게 좋은 본보기가 될 수 있다고 생각했다.

시드니 그레이다누스

그레이다누스는 모범적 설교에 대하여 설교의 적실성을 위한 일종의 노력이라고 평가한다. 그는 강단에서 무분별하게 행해지고 있는 모범적 설교가 구속사의 통일성을 무시하고 성경을 인물들의 모범 이야기로 만든다고 비판한다. 그에 의하면 모범론의 전

---

45   Clowney, *Preaching and Biblical Theology*, 17.

기적 설교는 그 메시지가 지나치게 인간중심적이며 본문의 어떤 요소들을 "비역사화"함으로써 본문을 정당하게 다루지 못한다.

그레이다누스가 구속사적 설교에 대하여 일방적인 지지를 보내는 것은 아니다. 그는 초기 구속사적 설교에 대해 다음과 같은 세 가지 부분을 비판한다. 첫째, 도식주의(schematicis)를 비판한다. 그레이다누스는 도식주의로 인해 성경 역사적 본문의 풍성한 다양성이 사라져 다각도적인 접근이 불가능하게 되었다고 평가한다. 둘째, 구속사적 설교가 사변적이며 억지스럽다고 비판한다. 그레이다누스는 구속사적 설교 주창자들이 성경 본문을 그 본문의 문맥으로부터 뽑아내어 구속사의 틀에 넣고 제멋대로 평행선을 긋는다고 평가하며 이러한 행위가 단순히 설교자의 추측과 짐작에 근거한다고 비난한다.[46] 셋째, 그레이다누스는 구속사적 설교가 지나치게 객관주의적이라고 비판한다. 구속사적 설교가 청중에게 설교가 아닌 구속사에 관한 강의 같이 될 때가 많다는 것이다.[47] 즉, 구속사적 설교가 그저 구속사에 관한 객관적이고 이론적인 설명이 됨으로써 결국 청중의 필요에는 관심이 없으며 청중에게 어떤 변화도 촉구할 수 없게 된다고 하였다.

---

46   Greidanus, *Sola Scriptura*, 174-75.

47   Greidanus, *Sola Scriptura*, 180-90.

그레이다누스는 구속사적 설교의 문제를 극복하기 위해 역사적 본문을 설교하는 원리를 제시한다. 그는 구속사적 설교의 출발점을 구속사가 아닌 역사적 본문에서 찾아야 한다고 주장한다. 역사적 본문은 본문의 언어, 사고방식, 논쟁적인 흐름 등에 나타나 있는 바와 같이 본문이 처음 선포되었던 그 시대의 특징을 지니고 있다. 역사적 본문이 역사적으로 하나님의 행동을 증거하지만, 그 본문은 구속사의 특정 단계에 있는 교회를 향한 케리그마이다. 그레이다누스는 역사적 본문의 이러한 특징으로 역사적 본문을 통해 적실성 있는 설교가 가능하다고 주장한다. 이와 같이 그레이다누스는 구속사적 설교의 문제를 극복할 수 있는 대안으로 역사적 본문의 역사성과 케리그마적 성격을 강조한다. 이러한 역사성과 케리그마는 설교자들이 구속사적 틀에 갇히는 것에서 벗어나 본문이 말하는 하나님의 메시지에도 귀 기울일 것을 강조한다.

브라이언 채플

브라이언 채플(Bryan Chapell)은 구속사적 설교라는 말을 직접적으로 사용하는 대신 그리스도 중심적 강해 설교라는 말을 사용한다. 채플은 성경의 궁극적인 목적이 인간의 타락한 측면을 영적으로 성숙한 상태로 회복시키는 것이라고 주장하며 하나님의 말씀이 구속 사역의 도구가 되어야 한다고 강조한다. 즉, 그는 말씀을 통한 구속 사역을 강조하는 것이다. 실제로 채플은 그리스도 중심적 설교의 모델을 제시한 「Christ-Centered Sermons: Models of Redemptive Preaching」에서 설교가 단순히 지침을 주는 강의가 아니라 하나의 구속적 사건이 되어야 한다고 주장한다.[48] 채플이 제시하는 그리스도 중심적 설교는 하나님의 구원 사역에 관해 선포하는 구속사적 설교의 하나라고 할 수 있다.

채플은 도덕주의적, 인간 중심적 설교를 거부한다. 채플은 도덕적 교훈으로만 가득한 인간 중심적 설교에 대하여 이렇게 비판한다.

'무엇이 되자'(Be)의 메시지는 그 안에 우리가 우리의 힘으로 타락한 상태에서 벗어날 수 있다는 도덕적 교훈을 내포하고 있다. (비록 의도적이지는 않지만) 이러한 설교는 우리가 은혜의 길을 만들 수 있고 우리의 이러한 노력이 하나님께 받아들여질 수 있다는 느낌을 준다. 그러나 이러한 설교가 제안하는 믿음은 도덕적이며 양심적인 무슬림, 유니테리언, 불교도 또는 힌두교도와 별

---

48   Bryan Chapell, *Christ-centred Sermons: Models of Redemptive Preaching* (Grand Rapids, MI: Baker Academic, 2013), ix.

차이가 없다.[49]

채플은 모든 설교의 중심에 예수 그리스도가 있어야 한다고 주장한다. 그리스도가 구속사의 핵심이기에 모든 설교가 그리스도 중심적이어야 한다는 것이다. 그는 십자가 이전에 존재했던 율법과 선지자들 그리고 십자가의 사역을 이어가는 사도들의 사역에서도 예수는 중심을 차지했으며 모든 성경이 궁극적으로 구원자에게 초점을 맞추고 있다고 강조한다. 그러한 이유로 채플은 강해 설교가 곧 그리스도 중심적 설교라고 주장한다.[50]

그러나 그는 모든 성경에서 그리스도를 이야기하기 위해 성경을 "알레고리 혹은 모형론의 신비스러운 연금술"(mysterious alchemies of allegory or typology)로 해석하는 것을 경계한다. 채플은 설교자가 인위적인 상상력을 사용하여 설교에서 그리스도를 언급하는 실수에 대해 비판한다.[51] 그는 십자가를 덧붙이는 모든 설교가 구속사적 강해 설교가 아니라고 지적한다. 채플은 설교자가 구속사적 해석을 위해 성경 본문에서 나타나는 인간

---

49   Chapell, *Christ-centred Preaching*, 293-94.

50   Chapell, *Christ-centred Preaching*, 279-80.

51   Chapell, *Christ-centred Preaching*, 310.

의 타락한 상태에 초점을 맞춘다.[52] "타락한 상황에 초점을 맞추기"(FCF: the Fallen Condition Focus)는 모든 인간이 언제나 불완전한 상태임을 깨닫는 동시에 하나님의 은혜가 언제나 신자들의 삶을 이끈다는 것을 발견하도록 도움을 준다. 이러한 이유로 채플은 그리스도 중심의 설교가 본문을 구속사적으로 강해하는 가운데 타락한 인간 상태에 대한 하나님의 해결책을 제시함으로써 사람들이 모든 것의 해결자 되시는 그리스도를 바라보게 만드는 설교라고 이야기한다.[53]

그러나 채플은 성경의 인물이 갖고 있는 장점이나 본받아야 할 모습을 전혀 무시하거나 배척하지 않는다. 그는 성경의 의도에 충실한 설교를 위해 성경 인물이 가지고 있는 결점을 무시해서도 안 되고 그들의 장점만을 과시해서도 안 된다고 주장한다. 하나님은 하나님 자신이 바라는 행동이나 규범에 대한 긍정적 혹은 부정적인 모범으로 성경 속의 사람들을 사용하시기 때문이다.

정리하자면 채플은 성경을 하나님의 구속 사역의 정점인 그리스도를 중심으로 보는 구속사적 관점으로 해석해야 한다고 이

---

52   Chapell, *Christ-centred Preaching*, 48-52.

53   Chapell, *Christ-centred Preaching*, 308-09.

야기한다. 그의 책에서 구속사적 설교라는 표현을 발견할 수는 없지만, 그가 말하는 그리스도 중심적 설교는 기존의 이론에서 더욱 발전된 구속사적 설교이다. 특히 그리스도 중심적 설교의 핵심 이론인 FCF는 구속사적 설교의 한계를 극복하기 위한 새로운 도전이라고 평가할 수 있다.

맺는 말

2장에서는 해석의 차원에서 고난 설교의 문제점에 대해 논의하고 본문 해석의 대안으로서 구속사와 구속사적 해석을 살펴보았다. 이어 구속사적 설교에 대해 간단히 살펴보고 구속사적 설교의 한계와 극복 방법에 대하여 다양한 학자들의 이론을 살펴보았다.

첫째, 해석의 차원에서 한국 교회의 고난 설교의 문제점은 다음과 같다. 1) 하나님의 이미지를 의도적으로 왜곡하는 것이다. 설교자가 자신의 메시지와 연관되는 하나님 이미지를 제시하기 위해 본문과는 전혀 다른 하나님의 이미지를 설교에서 제안한다. 이러한 해석은 하나님에 대한 편향된 이미지를 심어주므로 위험하다. 2) 본문에 자의적 해석을 시도한다. 자의적 해석이 위험한 이유는 본문이 전하고자 하는 고난의 신학적 의미 혹은 고난에 대한 올바른 성경적 이해를 청중에게 바르게 전해줄 수 없기 때문이다. 원자적 해석이나 신학적 선이해에 근거한 해석은 모범적 설교나 인간 중심적인 설교로 나아갈 수 있으므로 위험하다.

둘째, 구속사와 구속사적 해석에 대해 논의하였다. 구속사는 성경 신학의 주제로서 성경신학과 밀접한 관계를 맺고 있다. 구속사의 세 가지 전제는 역사성, 통일성, 점진성이다. 구속사적 해석이란 본문에 기록된 삼위 하나님의 구원 사역 혹은 구원 사건을 목격하고 그의 구속사적 의미를 발견하는 해석이다. 구속사적 해석이 필요한 이유는 하나님의 구원 사역에 대해 선포하는 것이 성경의 목적을 성취하는 것이며 하나님이 오늘도 일하고 계심을 보여줄 수 있기 때문이다. 특별히 고난 설교에서 구속사적 해석을 통해 고난 당하는 신자들에게 오늘도 그들의 삶에 개입하시는 하나님의 구원하심을 알릴 수 있다. 구속사적 해석은 본문이 담고 있는 역사와 문학과 신학의 세 가지 차원을 함께 고려하는 문법적-역사적 해석, 유기적 해석, 그리고 종합적 해석의 방법을 따른다.

셋째, 구속사적 설교와 그 한계에 대해 살펴보고 더욱 발전된 구속사적 설교를 제안한 학자들의 이론을 살펴보았다. 구속사적 설교는 1930년대 화란 개혁주의 신학자들이 당시 논란이 되었던 변증법적 신학, 주관주의, 그리고 모범적 설교에 대해 대등하기 위해 제시한 설교학 이론이다. 구속사적 설교란 구속사적 해석에 근거하여 오늘날 청중에게 본문이 전하고자 하는 메시지를 전달하는 것이다. 구속사적 설교는 다음의 목표를 가진다. 1) 성경 본문에 담겨있는 하나님의 구원 사역이 오늘날에도 진행 중이라는 것을 알게 한다. 2) 하나님의 구원 사역에 근거하여 메시지를 적용한다. 기존의 구속사적 설교는 그 한계가 분명하다. 1) 문법적-역사적 해석을 간과하고 섣불리 구속사적 관점을 본문에 대입하는 경우가 있다. 2) 적용을 간과하거나 불필요하다고 생각하고 생략하는 경우도 있다. 3) 그리스도 언급에 대한 강박관념으로 인해 알레고리적 해석을 초래하는 경우도 있다. 이러한 구속사적 설교의 한계를 인정하며 여러 학자들이 수정된 구속사적 설교를 주장하였다. 여기에서는 대표적으로 클라우니, 그레이다누스, 채플의 주장과 이론을 중심으로 살펴보았다. 이들의 공통적인 주장은 바로 구속사적 설교 안에 포함된 실천적인 면을 강조한다는 것이다. 오늘날 구속사적 설교와 초기의 구속사적 설교의 가장 큰 차이는 그동안 간과된 실천적 영역이 다시 대두되고 있다는 것이다.

?

고난설교
어떻게 할 것인가?

3장

내러티브와
내러티브 설교

한국 교회 고난 설교의
전달과 문제점

2장에서 해석의 차원에서 고난 설교의 문제점을 살펴보았다면 여기서는 전달의 차원에서 고난 설교의 문제점을 살펴볼 것이다. 하이델베르크 설교 분석을 통해서 발견한 전달의 문제점은 다음과 같다.

효과적인 설교 형식의 부재

첫 번째 문제는 효과적인 설교 형식의 부재이다. 한국 교회의 고난 설교에서 가장 많이 사용되는 설교 형식이 연역적 형식(deductive form)이다. 연역적 형식이란 설교의 앞부분에서 설교의 주제나 중심 메시지를 먼저 밝히고 설교의 뒷부분에서 그것을 설명하고 적용하는 것이다. 연역적 형식의 목표는 청중에게 정보(information)를 전달하는 것이다. 한국 교회에서 가장 많이 사용되는 연역적 형식의 설교가 바로 3대지 설교이다. 3대지 설교란 설교의 앞부분에서 중심 메시지 혹은 주제를 소개하고 그것을 3개 혹은 4개의 대지를 통해 연역적으로 풀어가는 것이다.

연역적 형식은 청중에게 본문의 교훈을 가르치거나 성경적 지식을 논리적으로 이해시키는 것에 초점을 맞춘다. 연역적 형식은 복잡한 내용을 압축하여 쉽게 기억할 수 있도록 제시할 수 있으며 특정한 교리나 성경적 지식을 가르치기에 좋다. 또한 논리와 입증을 중요하게 여겨 강한 설득의 효과를 거둘 수 있다. 이러한 연역적 형식의 장점에도 불구하고 고난 설교에서 연역적 형식을 사용할 때 발생하는 문제점은 다음과 같다.

첫째, 설교가 마치 수업 강의같이 들릴 수 있다. 연역적 형식에 근거한 고난 설교는 고난에 대한 신학적 의미나 성경적 이해를 가르치는 것에 초점을 두어 결국 고난에 대한 정보를 전달하는 일방적인 주입식 설교가 될 수 있다. 예를 들어, L 목사는 3개의 대지를 통해 고난 가운데 찬양하는 것의 의미와 중요성에 대해 설교한다. 그는 고난을 극복하기 위한 대안으로 찬양에 대해 말하지만, 찬양에 대한 일종의 정보를 전달하는 것에 초점이 맞추어져 있어 마치 찬양과 관련된 강의를 듣는 느낌을 준다. 설교자들이 연역적 형식에 치중하는 이유는 그들이 추구하는 설교자의 이미지 때문이다. 고난 설교에서 설교자들이 추구하는 이미지는 사자(Herald) 혹은 선포자(Proclaimer)의 이미지로서 하나님의 말씀을 담대히 전하고 선포하는 설교자를 떠오르게 한다. 때때로 사자 혹은 선포자의 이미지가 복음 설교나 회개 설교와 같은 강력한 메시지 선포에 도움이 되기도 한다. 그러나 고난 설교에서는 오히려 역효과를 일으킬 수 있다. 메시지를 강력히 선포하는 것에만 몰두하다 보면 청중과의 소통이 아닌 일방적인 전달이 되고 설교 메시지가 청중들에게 공감되지 않을 수 있다. 아무리 고난에 대한 해석이 탁월하다해도 청중들에게 들리지 않는 메시지라면 울리는 꽹과리처럼 아무 소용이 없다. 마틴 로이드 존슨(Martyn Lloyd Jones)가 강조한 바와 같이 설교는 강의가 아니라 청중과의 살아있는 소통이다.[1] 청중과의 소통을 소홀히 한 채 단순히 메시지만 선포하는 고난 설교는 결국 청중의 귀와 마음을 닫게 만든다.

둘째, 연역적 형식의 고난 설교는 청중의 호기심을 유발하거나 긴장감을 유지하기 어렵다. 연역적 형식의 설교 메시지가 불연속적인 경우가 많기 때문이다. 연역적 형식의 고난 설교는 메

---

1   Martyn Lloyd-Jones, 『설교와 설교자』, 정근두 옮김 (서울: 복 있는 사람, 2012), 85-86.

시지가 단순히 고난에 대한 다양한 정보의 결합이 될 가능성이 크다. 예를 들어, K 목사는 첫 번째 대지에서 고난을 극복하기 위해 주일 성수를 강조한다. 두 번째 대지에서는 믿음으로 시험을 이겨야 한다고 가르친다. 세 번째 대지에서는 예배 참여를 통해 고난을 극복해야 한다고 설교한다. 결국 K 목사의 3대지 설교는 어떤 연속성과 흐름도 없이 세 가지 주제를 혼합한 것에 불과하다. 이러한 설교는 대지에 따라 메시지도 바뀌기 때문에 청중의 긴장감을 지속하기 어렵다. 또한 대지를 시작하면서 주제를 먼저 언급함으로 설교의 내용을 미리 예상할 수 있어 청중의 호기심을 확보하기 어렵다.

셋째, 본문에서 벗어난 메시지를 전할 가능성이 있다. 연역적 설교의 위험성은 종종 대지를 만들어야 하는 부담감 때문에 본문에서 필요한 부분만을 추출하는 방식으로 본문을 사용하거나 혹은 본문에서 완전히 벗어난 주제로 대지를 채우는 것이다. 이런 경우 본문은 설교자의 주장을 뒷받침하기 위한 보조 도구가 되어 설교의 메시지가 완전히 분문에서 벗어날 수 있다. 예를 들어, L 목사는 고난 중에 찬양의 중요성을 강조하며 찬양과 연관하여 설교의 대지를 설정한다. 그러나 그 대지의 내용과 주장이 전혀 분문에 근거하고 있지 않다는 것을 확인할 수 있다. L 목사는 찬양에 대한 주제로 대지를 채우기 위해 본문에서 완전히 벗어난 메시지를 설교하고 있는 것이다.

설교 형식

설교 형식이란 무엇이며 설교 형식이 중요한 이유는 무엇일까? 어떤 이들은 설교 형식이 필요 없다고 주장하기도 하는데 과연 설교 형식은 불필요한 것인가? 설교 형식이 필요하다면 그 이유는 무엇일까? 이러한 질문에 답하기 위해 설교 형식의 정의와 필요성에 대해 먼저 살펴보고자 한다.

설교 형식의 정의

설교 형식(sermon form)이란 무엇인가? 헨리 데이비스(Henry Davis)는 「*Design for Preaching*」에서 "어떤 생각을 전달하는 데 내용과 전달 형식은 세포와 생물체에 존재하는 관계와 같은 것"이라고 주장한다.[2] 데이비스는 내용과 형식이 구별된 것이 아니라 하나의 유기체(a living organism)로서 작용한다고 주장한다.

---

2   Henry Grady Davis, *Design for Preaching* (Philadelphia, PA: Muhlenberg Press, 1958), 1.

즉, 설교의 내용과 형식이 서로 떨어질 수 없으며 긴밀하게 연관돼 있다는 것이다. 데이비스의 설교 형식에 대한 이러한 입장은 설교학계에 큰 영향을 끼쳤다. 과거의 전통적인 설교에서는 단순히 형식을 내용을 담는 외형적인 틀로 간주하였으나 데이비스 이후 설교학계에서는 설교 형식을 내용과 유기적인 관계를 이루는 설교의 중요한 요소로 이해하기 시작했다.

설교학자인 토마스 롱(Thomas Long)은 설교 형식의 중요성에 대해 강조하면서 설교 형식에 대해 "설교의 어떤 연속적인 흐름 속에 무엇을 말하고 실행할 것인지를 결정하기 위한 조직적인 계획 또는 유기적인 계획"이라고 정의한다.[3] 여기서 주목해야 할 표현이 유기적인 계획(organizational plan)이라는 용어이다. 이 용어는 설교 형식이 설교의 내용을 유기적으로 만드는 역할을 한다는 의미이다. 즉, 설교 형식이 설교에 통일성을 부여한다는 것이다. 롱의 정의에서 볼 수 있듯이 20세기 후반부터 설교학은 형식과 내용의 유기적 결합에 관심을 기울이고 있다.

정창균은 설교 형식에 대하여 "설교자가 본문을 통하여 포착

---

3   Thomas, G. Long, *The Witness of Preaching*, 3rd ed. (Louisville, KY: Westminster John Knox Press, 2016), 137.

한 메시지, 즉 설교의 내용을 어떻게 구성할 것인가에 대한 조직적인 계획이요, 그 내용이 전달되기 위하여 사용되는 외형적인 틀"이라고 정의한다. 정창균의 정의는 메시지와 형식을 분명하게 구별하고 있으며 가장 근본적이고 우선적인 과정이 메시지 작성임을 보여준다. 즉, 형식은 메시지 구성과 전달의 외형적인 틀로서 설교 형식은 내용을 돕는 역할을 한다.

이러한 최근 설교학의 경향과 학자들의 정의를 고려하여 필자는 설교 형식을 다음과 같이 정의하고자 한다. "설교 형식이란 본문 해석을 통해 얻은 메시지를 효과적으로 구성하고 전달하기 위해 사용하는 유기적인 틀이다." 여기서 본인이 강조하는 것은 "효과적", "유기적"이라는 표현이다. 본문의 메시지는 그 목적에 맞게 효과적으로 구성되고 전달되어야 한다. 또한 설교의 내용과 형식은 서로 유기적으로 긴밀하게 연관되어 있어 내용에 영향을 받으며 그 내용을 돕는 역할을 하는 것이 형식이다.

설교 형식은 설교 형태, 설교 패턴, 설교 스타일, 설교 구조 등과 같이 여러 가지 용어로도 대체된다. 다만 유의할 것은 설교의 형식이 설교의 장르(genres of preaching)와는 구별된다는 점이다. 설교의 장르는 본문을 다루는 방식에 의해 강해설교, 주해설교 등으로 분류하고 설교의 주제를 제시하는 방식에 따라 본문-

주제 설교, 주제 설교, 제목 설교 등으로 분류한다. 또한 설교의 기능이나 목적에 따라 교훈 설교, 치유 설교, 상담 설교, 전도 설교 등으로 분류한다.[4] 그러나 이러한 분류는 설교 유형의 분류로서 설교 형식의 분류는 아니다. 설교 형식은 설교 장르와 달리 설교의 구조와 내용의 전개 방식을 어떻게 취하고 있는가를 기준으로 한다.

설교 형식의 필요성

역사적으로 설교 형식을 대수롭지 않은 것으로 여기거나 심지어 설교 형식에 관심을 갖는 것 자체를 부정적으로 대하는 현상이 있었다. 그 이유는 다음과 같다.

첫째, 설교에서 복음 전파가 가장 중요하다고 생각하기 때문이다. 이러한 신학적 입장은 설교에서 형식을 고려하는 것이 설교를 문학의 대상으로 간주하는 것이며 복음 선포라는 설교의 목적에 위배된다고 주장한다. 이것은 복음을 전할 때 형식이 부차적으로 뒤따른다는 것이다. "불이 났어요"라고 소리치면 사람들

---

4 정창균, "효과적인 설교 전달과 설교 형식의 다양화", 「신학정론」 27/2 (2009년 11월): 292-94.

158 고난 설교, 어떻게 할 것인가?

이 달려오고 소방차가 출동하는 것과 같이 설교에서 복음을 선포할 때 내용에 적합한 형식이 자연스럽게 뒤따른다는 것이다. 이 주장은 일리가 있는 것 같지만 그렇지 않다. 복음 선포 뒤에 부차적으로 따라오는 것은 형식이 아닌 복음에 대한 반응이어야 한다. 복음은 설교 형식이 아니라 말씀에 따른 변화와 회개에 대한 거룩한 부담감을 불러일으킨다. 복음 선포는 특정한 형식의 옷을 입어야 한다. 신약 성경에는 예수님과 제자들이 복음을 선포하기 위해 사용한 독특한 형식들이 기록되어 있다. 예를 들어, 예수님은 복음 선포를 위해 비유라는 형식을 사용하신다. 마태복음 전체 분량의 1/4 정도가 비유라는 사실은 예수님께서 복음을 전파하기 위해 비유라는 독특한 형식을 얼마나 자주 사용하였는지를 잘 보여준다.

둘째, 설교에서 내용이 가장 중요하다고 생각하기 때문이다. 즉, 메시지가 좋으면 전달은 내용 스스로 해결한다는 것이다. 실제로 20세기 중반 이전까지 성경적인 설교를 성경 본문의 내용을 올바로 해석하여 그 내용을 충실히 전달하는 것으로 이해했다.[5] 오늘날에도 이러한 주장을 하는 목회자들이 많이 있다. 특

---

5   Haddon W. Robinson, 『강해설교: 강해설교의 원리와 실제』, 박영호 옮김 (서울: CLC, 2007), 23-27.

히 개혁주의 목회자들 중에서 본문의 의미에만 몰두하는 사람들이 있다. 그러나 성경적 설교란 단순히 성경적인 내용을 확보하는 것 이상으로 그 내용을 효과적으로 청중에게 전달하는 것까지 포함한다. 설교자는 메시지를 청중에게 효과적으로 전달할 수 있는 적절한 형식을 찾기 위해 노력하고 애써야 한다. 설교의 내용이 신학적으로나 본문에 충실하다 해도 청중에게 효과적으로 전달되지 않으면 결국 청중의 변화를 이끌어내지 못하는 반쪽짜리 설교에 지나지 않을 것이다.

셋째, 선포자(herald)의 이미지에 지나치게 집착하기 때문이다. 설교자는 왕이신 하나님의 말씀을 그의 백성들에게 담대하게 선포하는 사람이다. 이런 선포자의 이미지는 회개를 촉구하거나 복음을 선포하는 설교에서는 도움이 될 수 있다. 그러나 설교는 쌍방향의 커뮤니케이션이다. 상호 소통하는 설교의 커뮤니케이션의 성격을 무시하고 선포에만 치중하면 설교자는 청중을 외면한 채 자신이 준비한 메시지만 일방적으로 강요하는 현상을 빚게 된다. 즉, 커뮤니케이션의 파트너인 청중은 설교자가 선포하는 것을 아무런 이의 없이 받아들여야만 하는 수동적인 존재가 되는 것이다.[6]

---

6   정창균, "효과적인 설교 전달과 설교 형식의 다양화", 298.

그러나 본문에 대한 바른 내용과 그 내용을 효과적으로 전하는 양쪽 중에 어느 한쪽도 포기할 수 없다.[7] 설교에서 설교 형식은 설교를 더욱 풍성하게 만들어주는 필요한 요소이다. 설교에서 설교 형식이 필요한 이유는 다음과 같다.

첫째, 성경의 저자들이 실제로 설교 형식에 많은 관심을 가지고 있었다. 성경은 신학적 이론을 담은 책이 아니라 독자들의 삶에 강력한 영향을 주기 위한 의도로 기록되었다.[8] 그러므로 저자들은 독자들에게 영향을 주기에 가장 효과적인 형식을 취하였다. 존 세일해머(John Sailhamer)의 지적과 같이 텍스트는 저자의 의도가 구현된 것으로 저자는 자신의 의도를 실행하기 위한 전략을 가지고 있다.[9] 이 말은 저자가 본문의 내용뿐만 아니라 내용을 전달하는 형식도 고민했다는 의미이다. 실제로 구약과 신약의 저자들은 하나님의 말씀을 가장 적합하게 전하기 위해 의도적으로 특정한 형식들을 사용하였다. 예를 들어, 신약시대의 설교는

---

7   Hershael W. York & Bert Decker, 『확신 있는 설교』, 신성욱 옮김 (서울: 생명의 말씀사, 2008), 27-38.

8   Bernard Ramm, *Protestant Biblical interpretation: A textbook of Hermeneutics*, 3rd ed. (Grand Rapids, MI: Baker Book House, 1970), 113.

9   John H. Sailhamer, *Introduction to Old Testament Theology: A Canonical Approach* (Grand Rapids, MI: Zondervan, 1995), 46-47.

복합적인 의사소통 기술을 필요로 하는 회당 설교를 기반으로 했다.[10] 이러한 사실은 설교 형식이 내용과 분리될 수 없는 설교의 필수적인 요소이며 설교자가 설교 형식을 위한 고민도 해야 함을 말해준다. 성경적인 설교를 추구하는 설교자라면 성경 본문에서 단순히 본문의 내용이나 의미만을 얻는 것에 그치지 않고 성경 저자들과 같이 본문의 내용을 효과적으로 전달하는 설교 형식까지 고려해야 한다.

둘째, 내용과 형식이 유기체이기 때문이다. 내용과 형식은 서로 구별하여 살펴볼 수는 있지만 이 둘은 근본적으로 분리될 수 없다.[11] 프래드 크래독(Fred Craddock)의 주장과 같이 설교의 형식 역시 설교에서 하나의 메시지로 작동한다.[12] 설교 형식은 설교의 생명력을 활성화시키는 절대적인 요소이며 설교의 흐름과 효과를 결정짓는 중요한 요소이다.[13] 설교 형식은 내용뿐만 아니

---

10   Thomas G. Long, *Preaching and the Literary Forms of the Bible* (Philadelphia, PA: Fortress Press, 1989), 145.

11   Amos N. Wilder, *Early Christian Rhetoric: The Language of the Gospel* (Cambridge, MA: Harvard University Press, 1971), 2-4.

12   Fred. B. Craddock, *As One Without Authority* (Nashville, TN: Abingdon, 1979), 145.

13   Long, *The Witness of Preaching*, 136.

라 설교의 신학, 설교의 전달 예화와 이미지 사용 등에도 관여한
다.[14] 그러므로 성경적인 설교를 추구하는 설교자라면 단순히 설
교의 내용뿐만 아니라 설교를 효과적으로 전달하기 위한 설교 형
식을 고려해야 하는 것이다.

셋째, 설교가 신적 커뮤니케이션(divine communication)이
기 때문이다. 설교란 단순히 성경적인 명제를 말하는 것이 아
니라 삼위 하나님과 하나님의 백성 사이에 말씀 사건을 만들
어 내는 신적 커뮤니케이션이다. 하나님이 위대한 커뮤니케이터
(communicator)이시기 때문이다.[15] 하나님은 일방적으로 우리에
게 말씀을 주시는 것이 아니라 말씀을 통해 우리와 소통하고 교
제하는 분이시다. 신적 커뮤니케이션을 위해 반드시 필요한 요소
가 바로 설교 형식이다. 하포드 록코크(Halford Luccock)는 설교
의 능력이 설교의 형식에 달려있다고 주장한다.[16] 이 말은 설교
자가 설교에서 신적 커뮤니케이션을 일으키려면 내용과 더불어

---

14   Dennis M. Cahill, 『최신 설교 디자인: 설교 디자인의 이론과 실제』,
이홍길 · 김대혁 옮김 (서울: CLC, 2010), 24.

15   Jeffery D. Arthurs, 『목사님 설교가 다양해졌어요: 성경의 다양한 방식으로
창조적인 설교하기』, 박현신 옮김 (서울: 베다니출판사, 2010), 25.

16   Halford E. Luccock, *In the Minister's Workshop* (New York, NY: Abingdon-
Cokesbury Press, 1944), 118.

본문의 효과를 다시 재현할 수 있는 형식을 선택해야 한다는 것을 의미한다.[17] 설교 형식은 내용과 함께 하나님 말씀을 더욱 풍성하게 하며 신적 커뮤니케이션을 이룬다. 그러므로 설교자는 하나님 말씀을 효과적으로 전하기 위해 언제나 적절한 설교 형식에 관해 고민해야 한다. 효과적인 설교 형식을 취하는 것은 설교자가 듣는 자들을 사랑하는 마음의 행위인 동시에 계시의 저자이신 하나님을 사랑하는 마음의 표시이다.[18] 잘못된 설교 형식은 오히려 본문의 메시지를 약화시키고 하나님과 청중의 커뮤니케이션을 방해한다.

다양한 설교 형식과 평가

지금까지 설교 형식의 정의와 당위성에 대해 살펴보았다. 이어 설교 형식의 방식과 특징에 대해 살펴보고자 한다. 설교 형식은 학자들마다 관점과 기준이 달라 몇 가지로 분류하여 제시하기가 쉽지 않다. 예를 들어, 그레이다누스는 설교의 형식을 교

---

17   Long, *Preaching and the Literary Forms of the Bible*, 33.

18   Samuel T. Logan, 『설교는 왜 하는가』, 서창원 옮김 (서울: 말씀의 집, 1990), 341-42.

훈적 형식, 이야기 형식으로 간단히 제시한다.[19] 이에 반해, 로날드 알렌(Ronald Allen)은 34가지의 설교 형식을 제시한다.[20] 이 책에서는 설교 형식을 설교의 발전(development) 혹은 움직임(movement)을 따라 분류하여 제시하고자 한다. 여기서 발전 혹은 움직임이란 설교의 전체 구조가 어떤 흐름으로 진행되는지를 의미한다. 설교의 발전 혹은 움직임을 따라서 설교 형식을 크게 연역적 형식, 귀납적 형식, 반귀납적 형식으로 나눌 수 있다.

연역적 형식

연역적 형식(deductive form)은 설교의 주제나 중심 사상을 먼저 밝히고 증명한 후 적용하는 것이다.[21] 연역적 형식은 어거스틴(St. Augustine)이 수사학적 기법을 설교에 도입하여 설교학적 이론과 방법을 체계화한 이후 거의 1,500년 동안 기독교 설교에서 가장 많이 사용된 형식이다.[22] 전통적인 설교론의 설교 목적

---

19 Greidanus, 『성경 해석과 성경적 설교』, 278-95.

20 Ronald J. Allen, *Patterns of Preaching: A Sermon Sampler* (St. Louis, MO: Chalice Press, 1998).

21 Haddon W. Robinson, *Biblical Preaching: The Development and Delivery of Expository Messages*, 3rd ed. (Grand Rapids, MI: Baker Academic, 2014), 78-85.

22 Craddock, *As One Without Authority*, 37-38.

은 주제나 중심 사상을 상세하고 논리적으로 설명하는 것이었다. 이러한 전통적인 설교론의 목적에 가장 적합한 설교 형식이 바로 연역적 형식이므로 연역적 형식을 전통적인 설교 형식이라 부르기도 한다.

연역적 형식은 설교의 내용을 중요시하는 한국 교회의 설교자들이 가장 많이 사용하는 형식이다. 가장 대중적인 연역적 형식이 바로 포인트 형식(points-making form)이다. 포인트 형식이란 설교의 중심 사상 혹은 설교의 주제를 결정하고 그것을 몇 개의 필수적인 항목으로 세분한 다음 그 항목들을 설교의 구성 대지로 배열하는 형식이다. 해돈 로빈슨(Haddon Robinson)은 포인트 형식을 주제 완성형 발전(subject-completed development) 형식이라고 표현한다.[23]

가장 대표적인 포인트 형식의 설교가 바로 3대지 설교이다. 3대지 설교란 설교의 중심 사상 혹은 설교의 주제를 결정하고 그것을 서너 개의 필수적인 항목으로 세분한 다음 그 항목들을 설교의 구성 대지로 배열하는 방식의 설교이다. 예를 들어, 설교자는 에베소서 6장 1절에서 3절을 본문으로 "부모에게 순종"이라는

---

23   Robinson, *Biblical Preaching*, 78-79.

주제로 다음과 같이 3대지를 제시할 수 있다. 첫째, 부모님께 순종하는 것은 그리스도인이 되는 길입니다. 둘째, 부모님께 순종하는 것은 마땅히 해야 할 일입니다. 셋째, 부모님께 순종하는 것은 우리에게 유익한 것입니다.

연역적 형식의 장점은 다음과 같다. 첫째, 교리나 특정 주제를 설교하기에 효과적이다. 연역적 형식이 본문의 내용을 단순하게 요약하고 압축하여 제시하므로 정보 전달에 용이하기 때문이다. 그레이다누스의 주장과 같이 연역적 형식은 탄탄한 논리적인 틀을 가지고 있으며 교리나 특정 주제를 가르치는 교육적 설교에 효과적이다.[24] 연역적 형식의 두 번째 장점은 설교의 선포적인 기능(proclamatory function)을 중요시하는 설교자에게 효과적이다. 연역적 형식은 설교 초반에 본문의 중심 사상이나 주제를 제시하고 그것을 차례대로 증명하면 된다. 귀납적 형식들과는 달리 치밀한 전략적 구성과 전개를 구성하기 위해 많은 시간을 소비할 필요가 없다. 설교자는 성경의 메시지를 선포하고 다양한 예화나 다른 성경 구절을 통해 증명해 나가는데 이 방법은 강한 설득의 효과를 거둘 수 있다.

---

24   Greidanus, *Preaching Christ from the Old Testament*, 280.

그러나 연역적 형식은 다음의 문제점을 가지고 있다.

첫째, 청중들이 설교에 참여하기 어렵다. 연역적 형식은 청중에게 정보를 제시하는 것에 초점을 맞추기 때문에 설교가 마치 딱딱한 강의처럼 들릴 수 있다. 또한 증명 혹은 설명의 방식으로 주입식 전달이 중심을 이루어 결국 청중은 수동적으로 설교를 가만히 듣기만 해야 한다.

둘째, 연역적 형식은 움직임이 불연속적이다. 연역적 형식의 설교는 각각의 다른 아이디어를 가진 대지로 구성되기 때문에 설교의 흐름이 하나로 이어지고 않고 불연속적인 경우가 많다. 유진 로우리(Eugene Lowry)의 지적과 같이 연역적 형식은 발전(development)이 아닌 건축(construction)의 방식이며 그 결과 설교가 유기체로 작동하지 않고 그저 정적인 결합에 불과하다. 이러한 형식은 전략적 구성과 전개에 의한 체험을 만들기 어렵다.[25]

셋째, 본문에서 벗어난 메시지를 설교할 가능성이 크다. 이것

---

25   Eugene L. Lowry, The Homiletical plot: The Sermon as Narrative Art Form, exp. ed. (Louisville, KY: Westminster John Knox Press, 2001), 8-9.

은 연역적 형식 중에서 3대지 설교에서 특히 많이 발견된다. 설교자들이 3대지를 만들기 위해 본문의 특정한 요소를 추출하여 사용하는 원자적 해석을 하는 경우가 있다. 설교자가 반드시 3개의 대지를 만들어야 한다는 강박관념이나 부담 때문에 본문에 근거하지 않은 메시지를 설교하기도 한다.

귀납적 형식

귀납적 형식(inductive form)은 신설교학에 의해 본격적으로 논의되기 시작되었다. 신설교학 이전에도 귀납적 방법과 유사한 설교의 방법을 제안한 이들도 있었다. 그러나 귀납적 형식이 본격적으로 논의되기 시작한 것은 신설교학 운동부터였다. 크래독은 자신의 책 「As One Without Authority」(1971)에서 귀납적 형식을 강조하였다. 그는 전통적인 설교가 지금까지 연역적 형식을 도입하였으나 이러한 연역적 형식에서 벗어나 귀납적 형식으로의 설교학적 방향 전환이 필요하다고 주장하였다. 후에 크래독의 주장에 영향받은 많은 설교학자들이 계속해서 다양한 귀납적 설교 형식들을 제안하였다. 이러한 이유로 귀납적 형식을 가리켜 신설교학적 형식이라고 표현하기도 한다.[26]

---

26 Richard Eslinger, *The Web of Preaching: New Options in Homiletical Method*

귀납적 형식이란 삶의 현장에서 일어나는 구체적인 일이나 혹은 공감하기 쉬운 경험으로부터 시작하여 점진적으로 설교의 주제나 중심사상 혹은 결론을 향하여 나아가는 방식이다. 그림 1 과 같이 연역적 형식이 중심사상 혹은 주제로부터 나아가는 움직임(movement from main idea or subject)이라면 귀납적 형식은 중심사상 혹은 주제를 향해 나아가는 움직임(movement toward main idea or subject)이다. 귀납적 형식은 청중의 공감을 획득하고 청중과 함께 의도된 결론을 향하여 나아가는 것이 목표이다. 캘빈 밀러(Calvin Miller)는 귀납법이 복음을 설교하는 하나의 방법이 아니라 유일한 방법(the only way)이라고 강조한다. 랠프 루이스(Ralph Lewis)는 「*Inductive Preaching: Helping People Listen*」에서 연역적 방법과 귀납적 방법을 25가지 항목을 들어 대조한다. 루이스에 의하면 연역적 설교는 변증적이며 귀납적 설교는 공감 유발적이다. 또한 연역적 설교는 논리적이며 귀납적 설교는 경험적이다.[27]

(Nashville, TN: Abingdon Press, 2002),11-21.

27   Ralph L. Lewis and Gregg Lewis, *Inductive Preaching: Helping People Listen* (Westchester, IL: Crossway Books, 1983), 109.

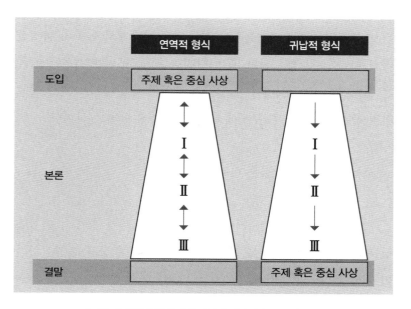

연역적 형식	귀납적 형식

도입	주제 혹은 중심 사상	
본론	I II III	I II III
결말		주제 혹은 중심 사상

[그림 1] 연역적 형식의 움직임과 귀납적 형식의 움직임

　귀납적 형식에서 가장 많이 사용되는 패턴이 문제-해결식 패턴이다. 이 패턴은 설교자가 질문이나 문제를 제기하고 답을 함께 찾아가는 귀납적 형식이다. 문제-해결 패턴의 가장 대표적인 형식이 내러티브 설교이다. 신설교학을 대표하는 로우리는 플롯을 강조하는 내러티브 설교를 제안하였다. 그는 설교를 시간 안에서 일어나는 사건(event-in-time)이라고 정의하면서 설교에서 연속성(continuity)과 움직임(movement)의 중요성을 강조한다.[28] 내러

28　Lowry, *The Homiletical plot*, 8-14.

티브 설교의 플롯은 모순 혹은 갈등으로 시작해서 심화의 과정을 거친 다음 결정적인 전환 혹은 반전을 경험하고 마침내 해결 혹은 결말에 이르는 것이다. 로우리가 제안한 내러티브 설교의 설교학적 플롯에 대해는 뒷부분에서 더 자세하게 살펴볼 것이다.

귀납적 형식의 장점은 다음과 같다.

첫째, 귀납적 형식은 기존의 설교에서 간과한 청중의 역할을 강조하였다. 연역적 형식이 청중을 수동적인 수신자로 인식한다면 귀납적 형식은 청중을 적극적인 참여자로 본다. 귀납적 형식은 성경적 답을 함께 찾아가는 방식을 통해 청중을 설교의 진행 과정에 참여시킨다. 귀납적 형식의 독특한 진행을 통해 청중의 관심을 이끌어내고 청중의 공감을 불러일으켜 설교에 참여하는 효과를 낸다. 청중은 설교자에게 방어적이거나 폐쇄적인 태도가 아니라 오히려 개방적이고 호의적인 태도로 설교를 듣게 된다. 이와 같이 귀납적 형식은 청중의 위치와 역할에 대해 기존의 설교학이 충분히 강조하지 못한 부분을 새롭게 조명하였다.

귀납적 형식의 두 번째 장점은 하나님 말씀을 청중들의 삶 속에서 실제적 사건이 되도록 즉, 말씀 사건(Word-event)이 청중에게 일어나도록 돕는다. 귀납적 형식은 삶의 현장에서 일어나는 구체적인 일이나 공감하기 쉬운 경험으로부터 설교를 시작하기 때문에 연역적 형식과 같이 설교를 지루한 강의나 청중과 무관한 논쟁으로 만들지 않는다. 오히려 귀납적 형식은 청중이 본문의 의도를 설교 가운데 스스로 깨닫고 발견하도록 돕는다. 예를 들어, 내러티브 설교는 청중에게 "역전의 원리"(the principle of reversal), 즉 전혀 예상치 못한 반전으로 복음을 경험하도록 이끈다.[29]

그러나 이러한 장점에도 불구하고 귀납적 형식의 문제점도 있다.

첫째, 귀납적 형식은 설교의 사사화(Privatization of preaching)를 초래한다. 설교의 사사화란 설교 메시지가 개인적인 영역에만 머무는 것을 말한다. 귀납적 형식은 초점이 개인의 경험에 맞추어져 있다.[30] 이러한 귀납적 형식에 근거한 설교는 청중을 그리스도의 몸인 공동체로 세우는 것에 취약할 수밖에 없다. 마이클 퀵(Michael J. Quicke)은 현대 교회 설교의 가장 심각한 문제가 개인

---

29   Lowry, *The Homiletical plot*, 54.

30   Charles L. Campbell, *Preaching Jesus: The New Directions for Homiletics in Hans Frei's Postliberal Theology*, (Grand Rapids, MI: W.B. Eerdmans Pub, 1997), 140.

의 문제와 필요에만 집중하는 개인주의 설교라고 지적한다. 이처럼 설교가 사사화될 때 공동체 전체의 성숙과 변화나 윤리, 신자 개인의 사회적인 책임을 결코 기대할 수 없다.[31] 캠벨(Campbell)은 「Preaching Jesus: The New Directions for Homiletics in Hans Frei's Postliberal Theology」에서 한스 프라이(Hans Frei)의 탈자유주의 신학(Postliberal theology)의 렌즈를 가지고 교회론의 관점에서 귀납법 형식의 개인주의적 특징을 비판한다. 그는 귀납적 설교가 교회를 세우는 일, 즉 하나님 백성을 세우는 일에 도움이 되지 않는다고 평가한다.[32]

둘째, 귀납적 형식은 개인의 체험을 지나치게 강조하여 객관적인 진리를 주관적인 범주에 종속시킨다. 예를 들어, 로우리는 설교의 목적이 청중의 체험에 있다고 주장한다. 그에게 복음이란 이해되는 것이 아니라 체험되는 것이다. 설교의 목적은 체험적 사건을 창조하는 것이다. 로우리의 주장에 의하면 본문의 의미를 결정짓는 최종 결정자는 저자나 성경 본문이 아니라 설교를 듣는 청중이다. 롱은 개인의 체험을 강조하는 설교의 위험성에 대해 다음과 같이 비평한다.

---

31 Michael J. Quicke, 『전방위 리더십』, 이승진 옮김 (서울: CLC, 2009), 49-50.

32 Campbell, *Preaching Jesus*, 144.

종교적인 경험을 만들어 내는 것으로 설교를 평가하는 것은 신학적으로 매우 위험하다. 신학자 헨드리쿠스 벌코프는 구약 성경에서 이스라엘이 계속 야웨를 배반한 이유를 우리에게 상기시킨다. 이스라엘이 야웨를 배반한 이유는 바알신을 더 유능하고 가시적이며 또한 예측 가능한 복을 준다고 믿었기 때문이다. 사람들은 언제나 바알에게 종교적인 경험을 기대한다. 그러나 야웨는 그렇지 않다. 사람들은 보다 쉽게 이용할 수 있는 하나님을 갈망한다. 그러나 야웨는 많은 경우에 의도적으로 자신의 얼굴을 가리시고 사람들에게 자신을 숨기신다. 요컨대 하나님은 우리가 원할 때마다 우리를 감동시키지 않으신다. 또한 우리를 깊이 감동시키는 모든 것이 하나님도 아니다.[33]

롱의 지적과 같이 설교에서 체험적인 어떤 사건이 일어날 때에야 비로소 설교의 목적이 이루어졌다고 여기는 것은 설교의 본질을 왜곡한 것이다. 뒤에서 다루겠지만 설교의 목적은 경험을 만들어내는 것에 있지 않다. 경험에 대한 지나친 강조는 하나님 말씀을 인간의 경험을 위한 하나의 도구로 전락시킬 뿐이다. 켐벨의 지적과 같이 하나님을 즉각적인 인간의 체험에 의존하도록 만드는 "신학적관계주의"(theological relationalism)로 복음을 전

---

33   Long, *The Witness of Preaching*, 48.

락시킬 뿐이다.[34]

셋째, 귀납적 형식은 적용이 어렵다. 귀납적 형식은 청중에게 본문의 진리를 전달하는 것보다 청중이 본문 내용을 스스로 깨닫고 적용하는 것을 추구한다. 예를 들어, 크래독은 설교자가 청중이 복음에 직접 노출되지 않고 "넌지시 듣고"(overhear) 스스로 적용점을 찾아야 한다고 주장한다.[35] 직접적으로 설교하는 것은 청중을 불편하게 할 뿐 아니라 청중의 마음을 닫아버린다는 것이다. 이러한 입장은 마치 청중의 결정을 존중하는 민주주의적 사고 같지만, 청중이 본문과 관련 없는 적용을 할 수 있으므로 위험하다. 일반적인 학문에서는 독자가 배움을 통해 나름의 결론에 도달하는 것을 중요하게 간주한다. 그러나 일반적인 학문과 하나님 말씀은 본질적으로 다르며 학문에서 절대적인 것을 주장하는 것은 학문성 자체의 한계 때문에 불가능하다. 그러나 하나님 말씀 안에 숨겨진 의도를 전하는 설교는 여러 가지 의견 가운데 하나를 선택하는 것이 아니다. 본문의 진리에 근거하여 본문이 말하고자 하는 윤리나 실천을 확실하고 담대하게 선포해야 한다.

---

34   Campbell, *Preaching Jesus*, 142.

35   Fred B. Craddock, *Overhearing the Gospel* (Nashville, TN: Abingdon, 1978), 83.

하나님 말씀은 청중에게 변화를 촉구하며 변화를 위해서는 반드시 적용이 필요하다. 설교에서 적용은 있어도 되고 없어도 되는 것이 아니라 필수불가결한 요소이다.

반귀납적 형식

연역적 형식과 귀납적 형식은 이론상으로는 정반대의 대조를 이루므로 쉽게 구별이 된 다. 그러나 실제로 한편의 설교를 놓고 그것이 연역적 형식의 설교인지 혹은 귀납적 형식의 설교인지를 명확하게 구별하기 어려운 경우가 많다. 한편의 설교 안에서도 어떤 부분은 귀납적인 방식으로, 다른 부분에서는 연역적인 형식으로 진행되기 때문이다. 예를 들어, 3대지 설교는 일반적으로 연역적 설교 형식을 취하면서도 어느 대지에서는 귀납적 형식으로 진행하는 경우도 있다.

이와 같이 한편의 설교에서 설교자의 설교 전략에 따라 연역적 형식과 귀납적 형식이 혼합될 수 있다. 이러한 형식을 반귀납적 형식(semi-inductive form)이라고 한다. 반귀납적 형식은 그림 2와 같이 두 가지로 분류된다. 첫 번째는 연역적-귀납적 방식이다. 이 방식은 결론이나 주제를 먼저 제시하고 그 주제에 대한 각 대지에서 구체적인 일이나 공감하기 쉬운 경험으로부터 시작

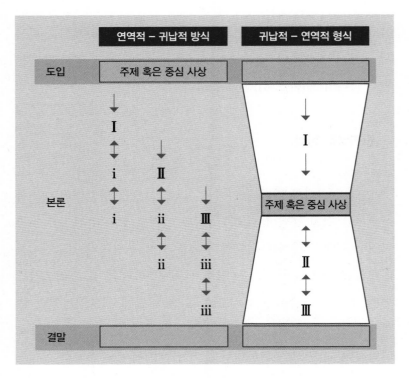

[그림 2] 반귀납적 형식의 2가지 방식

하여 각 대지의 결론에 이르는 것이다. 두 번째는 귀납적-연역적 방식이다. 이 방식은 귀납적 형식으로 진행하여 결론을 내리고 다시 그 결론에 대한 논증이나 설명을 덧붙여 부가 설명을 하면서 청중에게 적용하는 연역적 방식으로 진행된다.

내러티브와 플롯

이 책에서 주장하는 구속사적 내러티브 설교에서 전달의 핵심이 되는 내러티브의 플롯을 논의하기 위해 내러티브와 플롯에 대해 살펴보고자 한다. 먼저 내러티브에 대해 논의하고 이어 내러티브의 핵심인 플롯에 대해 살펴볼 것이다.

내러티브의 정의

"내러티브"(narrative)라는 용어는 설교학에서뿐만 아니라 기독교 교육, 기독교 윤리 등 기독교 신학의 다양한 분야 및 문학과 인문 사회 과학 분야 그리고 일반 경영학에까지 다양하게 사용된다. 내러티브는 먼저 문학적 장르의 하나로 이해할 수 있다. 문학적 장르로서의 내러티브란 시간적 흐름에 따라 순차적으로 일어나는 일련의 이야기나 사건을 의미한다. 각 학문영역이나 학자에 따라 내러티브의 개념에는 약간의 차이가 있으나 문학적 장르로서 내러티브를 논할 때 가장 많이 언급되는 특징이 흐름 혹은 질서이다. 이것이 스토리(Story)와 내러티브의 가장 큰 차이이기도 하다. 이야기란 구체적인 상황에 대한 일화를 의미하는 반면 내러티브란 어떤 흐름이나 질서를 따라 진행되는 이야기를 의미한다. 내러티브는 무질서하고 의미 없이 발생한 것처럼 보이는 사건 속에 특정한 흐름이 있으며 시간적 연속성(temporal continuity)을 가지고 있다. 학자들마다 약간의 차이는 있으나 내러티브에 필요한 기본적인 구성 요소가 있다. 예를 들어, 프레데릭 루프(Frederick Ruf)는 내러티브를 설정하기 위해 인물과 사건과 행동간의 상호작용, 시간의 흐름에 따른 사건의 배열, 가독성이라는 최소한 세 가지 요소가 있어야 한다고 보았다.[36] 앨러스터 매킨타이어(Alasdair MacIntyre), 폴 리쾨르(Paul Ricoeur) 역시 내러티브가 갖추어야 할 최소한의 요소로 등장인물, 배경, 시간과 공간, 플롯을 주장한다.[37]

최근에는 내러티브의 문학적 측면에서 더 나아가 내용적 측면에 주목하는 학자들이 있다. 대표적인 인물로 폴 넬슨(Paul Nelson)은 내러티브를 인간의 실존과 실재의 세계를 기술하는 것으로 간주한다.[38] 내러티브가 단순히 흐름이 있는 이야기가 아니

---

36   F. J. Ruf, "The Consequences of Genre: Narrative, Lyric, and Dramatic Intelligibility," *Journal of the American Academy of Religion* 62 (1994).

37   Alasdair MacIntyre, *After Virtue: A Study in Moral Theory* (Notre Dame, IN: University of Notre Dame Press, 1981); Paul Ricoeur, *Time and Narrative* (Chicago, IL: University of Chicago Press, 1984).

38   Paul Nelson, *Narrative and Morality: A Theological Inquiry* (University Park, PA:

라 인간의 실존과 실재를 담고 있는 이야기라는 것이다. 넬슨은 내러티브가 신학적 원천이 될 수 있다고 보았다. 그러나 넬슨은 단순히 사건의 추이(process)를 서술하는 것 이상으로 화자의 현실 해석이 포함된 내러티브를 강조한다. 이 말은 화자가 내러티브를 통해 단순히 데이터를 제공하는 것을 넘어서 자신이 전하고자 하는 특정한 의도를 상대방에게 전달한다는 것이다. 넬슨이 내러티브의 문학적 차원을 간과하는 것은 아니다. 넬슨 역시 내러티브의 중요한 구성 요소로 등장인물, 사건, 행동, 주제, 플롯을 인식하고 있다.[39] 넬슨이 말하는 내러티브란 문학적 장치들을 사용하여 화자가 전하고자 하는 의도를 전하는 일련의 사건들을 의미한다고 할 수 있다.

여기서는 내러티브의 문학적 측면과 내용적 측면을 고려하여 내러티브에 대해 다음과 같이 정의하고자 한다. 내러티브란 "플롯을 중심으로 인물, 배경, 행위, 사건이 시작, 전개, 결말이라는 일정한 구성 형식을 갖춘 저자의 의도가 포함된 이야기"이다.

Pennsylvania State University Press, 1987), 49-50.

39   Nelson, *Narrative and Morality*, 49-63.

플롯

내러티브의 가장 핵심이 되는 요소가 플롯이다. 플롯(Plot)이란 이야기의 움직임을 보여주는 구조를 의미한다. 플롯은 고대 수사학에서부터 사용된 문학적 장치(artifice)이다. 아리스토텔레스(Aristoteles)는 시학(Poetics)[40]에서 플롯을 사건들의 배열이라고 정의하며 플롯이 비극(tragedy)[41]의 가장 중요한 원칙이자 핵심이라고 주장한다. 아리스토텔레스가 제시하는 비극의 구조는 그림 3과 같이 시작, 중간, 끝의 플롯 구조로 구성되어 있다. 이 구조는 유기적으로 연결되어 있으며 전체적으로 통일성을 유지한다. 아리스토텔레스는 플롯이 하마르티아(ἀμαρτία)로 시작하여 페리페테이아(περιπέτεια)를 거쳐 카타르시스(κάθαρσις)로 이어지는 흐름으로 구성되어야 한다고 주장한다. 여기서 하마르티아는 비극적 고통을 초래하는 과오를 의미한다.[42] 하마르티아는

---

40   시학의 원제목 ΠΕΡΙ ΠΟΙΗΤΙΚΗΣ의 의미는 "제작술에 관하여"이다. 아리스토텔레스가 여기서 다루는 제작술은 시를 짓는 방법만을 가리키는 것이 아니라 예술 작품의 창작을 위하여 고려해야 할 사항을 담고 있다.

41   아리스토텔레스의 비극은 오늘날의 비극과는 다르다. 아리스토텔레스가 말하는 비극은 단순히 슬픈 내용이 아니라 주인공이 깨달음과 반전을 통한 기승전결의 플롯을 포함한 이야기를 의미한다.

42   김상봉, 『그리스 비극에 대한 편지』 (파주: 한길사, 2004), 118.

플롯 상의 발견과 급전을 효과적으로 작동시키는 하나의 메커니
즘이다. 예로 들면, 창세기에서 아담과 하와가 선악과를 먹고 전
적으로 타락하는 것을 가리켜 하마르티아라고 할 수 있다.[43] 페리
페티이아는 상황의 급격한 변화 혹은 전환을 의미한다. 이야기가
전개되는 과정 중에 갑작스럽게 반전이 일어나고 주인공은 이전
과는 전혀 다른 삶을 산다. 카타르시스는 정화(purification)라는
뜻을 가진 단어로서 여기서는 관객에게 연민이나 공포의 감정을
불러일으키는 것을 의미한다.

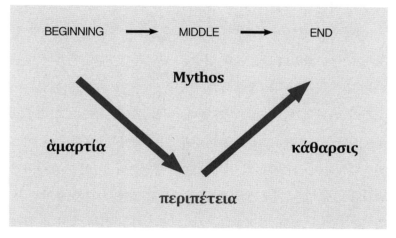

[그림 3] 시학의 플롯

43　그리스어 'ἁμαρτία'는 '과녁을 빗나가다'(ἁμαρτάνειν)라는 헬라어에서 유래
하였다. 공교롭게도 신약에서는 ἁμαρτία가 '죄'라는 뜻으로 사용되고 있다. 죄란 하나
님의 말씀에서 벗어나는 것이다.

아리스토텔레스는 플롯의 중요성을 강조하며 플롯 안에 반전(reserval)과 깨달음(recognition)이 있어야 한다고 주장한다. 그는 반전이나 깨달음이 없는 플롯을 "단순한 플롯"이라고 표현하며 에피소드만 나열한 플롯을 최악의 플롯이라고 평가한다. 아리스토텔레스가 말하는 반전과 깨달음은 무엇인가? 반전이란 상황이 기대했던 것과 다른 방향으로 바뀌는 변화(change)이고 깨달음은 무지에서 지식으로 나아가는 변화이다.[44] 플롯은 구성 방식에 따라 결정적인 순간에 반전과 깨달음이 발생하여 독자나 청중에게 강력한 효과를 발휘할 수 있다. 이에 대해 아리스토텔레스는 시학에서 염두에 두었던 반전과 깨달음의 순서를 두 가지 입장으로 구분하였다. 첫 번째 입장은 깨달음에 의해 반전이 발생하는 경우이다. 이 입장에서는 주인공이 어떤 사실을 깨닫는데 그것이 반전의 원인으로 작용한다. 예를 들어, 비극 오이디푸스왕(Oedipus the King)에서 오이디푸스는 라이어스(Laius)와 이오카스테(Jocasta)가 자신의 친부모임을 깨닫는다. 이러한 충격적인 깨달음으로 그는 친부 살해와 근친상간의 죄를 저지른 추악한 범죄자로서 스스로를 징벌한다. 오이디푸스가 자신의 정체를 알게 된 것이 깨달음이라면 이 깨달음으로 인해 야기된 운명의 극적인 전환이 반전이 된다. 두 번째 입장은 특정한 반전의 사건이 먼저

---

44   Arlistoteles, 『정치학/시학』, 나종일 옮김 (서울: 삼성출판사, 1999), 64.

발생하고 그 후에 깨달음을 얻는다는 것이다. 이 입장에 의하면 기대와 전혀 다른 상황의 등장이 깨달음을 제공한다. 예를 들어, 코린토스의 사자는 오이디푸스에게 반가운 소식을 알리고자 하였으나 그가 꺼낸 이야기가 오히려 오이디푸스의 신원에 관한 비극적인 진실을 드러내는 시발점이 된다.

그러나 반전과 깨달음 중에 순차적으로 어느 하나가 반드시 우선하는 것은 아니다. 내러티브의 플롯에서 가장 중요한 것은 창작자의 의도에 따라 플롯을 배열하는 것이다.[45] 스토리의 흐름이 반전에 의해 급변할 수도 있고 깨달음에 의해 일어날 수도 있다. 반전과 깨달음은 전체적인 스토리에 흐름의 전환을 발생시키는 특수한 방식이며 이 둘은 저자의 의도를 더욱 효과적으로 전하기 위해 서로 긴밀히 연관되어 있다. 반전과 깨달음은 분명히 구별되는 개념이나 언제나 상호 동반되며 플롯 안에서 함께 발생하여 저자가 의도하는 효과를 일으킨다. 이상섭은 다음과 같이 말한다.

오이디푸스는 자기의 출생 사실을 밝혀주리라고 기대했던 코린

---

[45] 이승진, "구속사 내러티브를 구현하는 설교목회에 관한 연구", 「복음과 실천신학」 43 (2017): 93.

토스의 목자가 과연 그 사실을 밝혀주지만, 그것은 자기가 기대했던 대로가 아니라 자기가 지금의 아내인 이오카스테의 아들이라는 기괴한 사실을 밝히는 것이 되어버린다. 이는 완전히 "반전"의 순간인 동시에 자기에 대한 완전히 새로운 "인지"의 순간이다.… 아리스토텔레스는 오이디푸스의 경우처럼 반전과 인지가 함께 발생하는 플롯을 최고라고 생각했다.[46]

내러티브 설교

1960년대 이후로 설교학에서도 내러티브의 중요성이 대두되기 시작했다. 내러티브의 중요성은 신설교학의 대표적인 학자인 유진 로우리(Eugene Lowry)의 내러티브 설교를 통해 본격적으로 제시되었다. 내러티브 설교(narrative sermon)란 플롯 형태로 구성된 설교를 말한다. 문학에서 내러티브가 플롯이 있는 스토리라면 설교학에서 내러티브 설교란 플롯이 있는 설교이다. 로우리는 그의 대표작인 「Homiletical Plot」에서 모든 설교가 청중의 체험을 불러일으키는 설교가 되어야 하며 그러기 위해 자신이 제안하는 설교의 플롯을 따를 것을 주장한다.

---

46 이상섭, 『아리스토텔레스의 시학 연구』 (서울: 문학과 지성사, 2002), 66.

청중의 체험을 위한 설교

로우리는 청중에게 경험을 제공하는 설교를 주장한다.[47] 그
는 전통적 설교가 연역적 형식만을 고집했으며 이러한 고집이 청
중의 관심을 끌어오는 데 실패할 뿐 아니라 메시지를 일반적으
로 전달하는 설교에 불과하다고 지적한다. 로우리는 연역적 설교
가 주어진 말씀을 대지나 명제라는 울타리에 가두며 "한때 살아
있었던 경험을 죽은 해골"(dead skeletons of what once was lived
experience)로 만들어 버리는 것이라고 비판한다.[48]

로우리의 주장은 성경 자체가 비명제적이라는 것에서 출발한
다. 그는 성경은 경험되기 위해 청중에게 주어졌으며 복음이란
논리와 개념으로 이해할 것이 아니라 청중에게 체험되어야 할 것
이라고 주장한다.[49] 로우리의 이러한 설교 철학은 사건으로서의
텍스트 읽기를 주장하는 "신해석학파"와 그 뿌리를 공유한다고
볼 수 있다. 로우리가 주장하는 "사건"이라는 말은 에른스트 푹

---

47   Eugene L. Lowry, *Doing Time in the Pulpit: The Relationship between Narrative and Preaching* (Nashville, TN: Abingdon Press, 1985), 11-28.

48   Lowry, *Doing Time in the Pulpit*, 79-80.

49   Lowry, *Doing Time in the Pulpit*, 13.

스(Ernst Fuchs)의 "언어사건"(language-event) 혹은 게하르트 에벨링(Gerhard Ebeling)의 "말씀 사건"(word-event)과 깊은 관련이 있다.[50] 신해석학에 근거하여 로우리는 성경이 해석되어야 할 하나의 의미를 담은 언어 체계가 아니라 청중 혹은 공동체의 관계 속에서 의미가 발생하는 사건으로 본다.

설교학적 플롯

로우리에게 청중의 체험이 설교의 목적이라면 플롯은 경험을 제공하는 주요 장치이다. 전통적인 설교는 청중의 이해를 목적으로 하므로 사상의 연결을 우선순위로 간주한다. 그러나 로우리는 전통적인 설교가 개요를 통해 설교의 중심 요소를 조직하는 것에 관심을 기울였고 설교를 형성하는 전환 또는 움직임에는 관심을 기울이지 못한 점을 지적한다. 건축으로 비유하자면 집을 구성하는 벽돌에만 관심을 기울였을 뿐 벽돌을 이어주는 모르타르에 대해는 관심을 기울이지 않았다는 것이다.[51]

---

50   Ernst Fuchs, *Studies of the Historical Jesus* (Naperville, IL: A.R. Allenson, 1964); Gerhard Ebeling, *Theology and Proclamation: Dialogue with Bultmann* (Philadelphia, PA: Fortress Press, 1966).

51   Eugene L. Lowry, *The Homiletical Plot: The Sermon as Narrative Art Form* (Atlanta, GA: John Knox Press, 1980), 10-11.

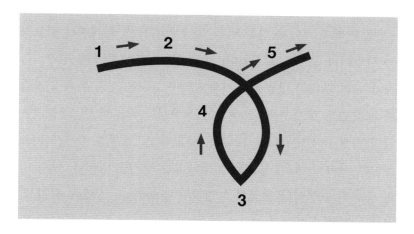

[그림 4] 유진 로우리의 설교학적 플롯

로우리에게 설교자란 예술가이다. 설교자는 목적을 향하여 하나씩 벽돌을 쌓아가는 건축가가 아니라 긴장과 호기심을 유발하는 예술가의 역할을 감당하는 것이다.[52] 이러한 긴장과 호기심을 일으키기 위한 설교학적 장치가 바로 설교학적 플롯이다. 내러티브 설교는 연속성과 움직임에 집중하였고 그러한 연속성과 움직임을 잘 나타내는 것이 로우리의 설교학적 플롯이다. 로우리는 자신의 설교학적 플롯을 그림 4와 같이 다섯 단계로 나누어 설명한다.[53]

---

52 Lowry, *The Homiletical Plot*, 14.

53 로우리는 1997년에 쓴 자신의 책「설교」(Sermon)에서는 이 다섯 단계를 갈등,

첫 번째 단계는 평형을 뒤집는 단계이다. 이 단계에서 설교자는 갈등이나 문제를 제기한다. 설교자는 청중이 평소에 생각하는 것과 전혀 반대의 내용을 제기함으로써 설교를 시작할 때 긴장감과 모호함을 유도한다. 로우리는 모호함(ambiguity)을 창조하는 일이 가장 우선순위라고 밝힌다. 설교의 첫 단계의 목적은 바로 청중의 가슴 속에 이 모호함의 방아쇠를 당기는 일이다. 마치 어떤 종류의 갈등이나 긴장이 등장하는 영화의 첫 장면과 같이 설교를 시작해야 한다.[54]

두 번째 단계는 모순 또는 불일치를 통해 갈등을 심화시키는 단계이다. 이 단계에서 설교자는 첫 번째 단계에서 제기된 쟁점과 긴장 관계를 더욱 세심하게 분석하면서 한층 심화시킨다. 설교자는 "왜"라는 질문을 계속 던지면서 앞에서 제시한 갈등이 청중의 삶에서도 존재한다는 느낌을 주어야 한다. 로우리는 이 단계에서 설교자가 가장 많은 시간을 할애해야 하고 그러한 분석을 통해 청중에게 갈등을 이해하는 충분한 기반을 제공해야 한다고 말한다. 로우리는 기존의 설교가 효과적이지 못한 가장 큰 이

복잡한 구도, 뜻밖의 전환, 그리고 해결이라는 네 단계로 압축하여 설명한다. 그러나 기존의 다섯 단계를 따르든 압축된 단계를 따르든 플롯의 근본 원리는 동일하다.

54   Lowry, *The Homiletical Plot*, 30-31.

유를 본문을 깊이 분석하거나 심화시키지 않은 채 단순히 본문을 설명하려고만 하는 태도에서 찾고 있다. 로우리는 전통적인 설교와 같이 섣불리 답을 제시하는 것보다 심화의 과정을 통해 청중을 설교에 참여시켜야 한다고 주장한다.[55]

세 번째 단계는 해결의 실마리를 드러내는 단계이다. 삶의 모든 부분에는 어떤 문제가 있고 해결하는 과정이 있다. 로우리는 삶의 이런 단면이 설교에도 동일하게 나타나며 설교는 "왜"라는 질문을 넘어 "어떻게"라는 해결로 나아가야 한다고 말한다. 그러나 아직 결론을 향한 완전한 해결의 단계는 아니다. 로우리는 "반전의 원리"(principle of reversal)란 용어를 강조한다. 여기에서 청중들은 그들이 기대하지 않았던 곳에 도착하게 되는데 모든 것이 뒤집어지면서 반전된 복음의 세계가 경험되는 것이다. 라우리의 표현에 의하면 이 단계는 "아하!"가 터져 나오는 단계이다. 로우리는 성경의 많은 이야기, 특히 예수님의 비유가 사람의 기대와 예상을 뒤엎는 반전의 원리를 잘 보여준다고 지적한다. 예를 들어, 선한 사마리아인의 비유를 듣던 유대인들은 죽어가는 유대인을 돕고 살려내는 사람이 사마리아인이라고 전혀 예상할 수 없었다. 예수님은 유대인들에게 갑작스러운 반전을 통해 어떤 의도

---

55   Lowry, *The Homiletical Plot*, 36.

를 전하시는 것이다. 로우리는 설교에도 이러한 반전이 담겨 있어야 한다고 주장한다. 청중은 이 반전의 복음을 통해 문제나 갈등이 해결될 실마리를 발견하기 시작한다.

네 번째 단계는 복음을 경험하는 단계이다. 사실 그 이전의 단계들은 바로 이 복음을 경험하는 단계를 위하여 존재한다. 모호함을 심화시키고 긴장감을 불러일으키는 것은 모두가 복음이 더욱더 효과적으로 경험되도록 하기 위함이다. 모호함이 적절하게 제시될 뿐만 아니라 문제의 실마리가 정확하게 제시된다면 청중들은 복음을 경험하게 될 것이다.[56] 청중은 이 단계에서 자신 스스로 무엇인가를 해내고자 했던 사고방식이 잘못된 것을 깨닫고 복음만이 진정한 답이라는 것을 발견한다.[57]

다섯 번째 단계는 결과를 기대하는 단계이다. 전통적인 설교와 달리 로우리는 마지막 단계에서 완전히 문제를 해결하는 것이 아니라 문제가 해결될 수 있다는 가능성만을 보여줄 것을 강조한다. 전통적인 설교는 마지막 단계에서 결론을 내리고 청중의 삶에 본문을 적용한다. 그러나 로우리는 그의 설교 철학처럼 마지

---

56 Lowry, *The Homiletical Plot*, 74-77.

57 Lowry, *The Homiletical Plot*, 79.

막 단계를 명확하게 제시하지 않고 또 다른 가능성을 향하여 열어놓는 형식으로 설교를 맺는다. 복음의 진리를 새롭게 경험한 청중들은 이제 그 복음이 가지고 올 긍정적인 결과를 기대하게 된다.

내러티브 설교의 다양한 방식

내러티브 설교는 고정적인 형태를 고집하지는 않으며 아직도 여전히 발전해 나가고 있다. 내러티브 설교는 플롯의 어느 부분에 강조점을 둘 것인가 그리고 어떻게 배열할 것인가에 따라 다양한 방식이 있다. 여기서는 로우리가 제안하는 네 가지 방식을 다루고자 한다. 로우리는 「*How to Preach a Parable: Designs for Narrative Sermons*」(1989)에서 내러티브 설교의 방식을 스토리 진행 형식, 스토리 보유 형식, 스토리 유예 형식, 스토리 전환 형식으로 분류한다.

로우리가 제시하는 내러티브 설교의 첫 번째 방식은 스토리 진행(running the story)형식으로서 본문의 이야기를 그대로 진행하는 방식이다. 이 방식은 이야기 설교(story-telling sermon)에서 한 단계 발전한 방식이다. 이야기 설교는 찰스 라이스(Charles Rice)와 리처드 젠센(Richard Jensen)이 주장한 설교 방식으로 이야기를 재진술(re-telling)하는 방식의 설교이다.[58] 내러티브 설교의 스토리 진행 형식은 기록된 사건을 있는 그대로 전개해 나가는 이야기 설교에서 더 나아가 화자가 해석, 진단, 평가를 더하면서 이야기를 진행한다는 점에서 차이가 있다. 우선 설교자는 이야기가 있는 본문에서 핵심 메시지를 추출한다. 그리고 이야기를 차례대로 진행하되 그 사건을 마치 그림 그리듯 회중에게 묘사하여 전달하여 사건을 함께 경험하도록 한다. 이 과정에서 본문에 드러난 사건의 갈등 구조를 효과적으로 잘 드러내며 설교자가 얻은 핵심 메시지를 청중에게 전달한다. 이 방식은 이미 회중이 잘 알고 있는 이야기를 반복하는 약점이 있다. 그러므로 이 방식은 설교자에게 적절한 유비 사용과 상상력을 통한 사실적이고 극적인 묘사를 요구한다.

로우리가 제시하는 내러티브 설교의 두 번째 방식은 스토리 보유 형식(delaying the story)으로서 이야기를 의도적으로 지연시키는 방식이다. 이 방식 역시 첫 번째 방식과 동일하게 이야기가 있는 본문을 선택한다. 그러나 이 방식의 독특한 점은 설교의 시작이 본문으로부터 시작하지 않는다는 것이다. 이 방식은 설교

---

58   이야기 설교와 내러티브 설교는 서로 다른 설교이다. 이야기 설교가 단순히 이야기를 다시 말하는 것(re-telling)이라면, 로우리가 제시하는 내러티브 설교는 화자가 의도적으로 플롯을 설교에 도입하여 특정한 움직임을 만들어 진행하는 방식이다.

본문을 지연(delay)시키고 현재의 관심사로부터 설교를 시작한다. 그리고 본문을 대입하여 본문이 기록된 그 당시에도 청중이 동일한 문제를 경험하였음을 청중에게 확인시킨다. 그런 다음 갈등이나 문제를 심화시킨다. 심화는 본문이나 오늘날의 상황을 통해서 가능하다. 그런 다음 설교의 핵심 메시지를 제시하고 관련된 다른 본문이나 예화를 통해 메시지를 다시 강조한다. 여기서 중요한 것은 메시지의 진행을 너무 길지 않게 전개하는 것이다.

세 번째 방식은 스토리 유예(suspending the stoy) 형식으로서 본문의 이야기를 의도적으로 중단하는 방식이다. 이 방식은 두 번째 방식의 역순이라 할 수 있다. 이 방식은 처음 도입부에서 본문을 상세히 다루고 문제 혹은 갈등을 찾는 것에 주력한다. 그런 다음 오늘의 회중이 살아가는 상황을 취급하면서 본문에서 도출한 문제점과 동일한 것을 회중의 상황 속에서 추출한다. 이어서 도출된 문제점을 확장하여 갈등을 심화하는 과정을 갖게 되는데 여기서는 다른 본문이나 예화 등을 사용한다. 설교자는 심화 과정에 이어 설교의 핵심 메시지를 제시하고 관련된 다른 본문이나 예화를 통해 메시지를 다시 강조한다. 이 방식 역시 메시지를 간략하게 제시하는 것이 좋다.

네 번째 방식은 스토리 전환(alternating the story) 방식으로서 본문 스토리의 흐름에 예화를 수시로 동원하여 진행하는 방식이다. 이 방식은 성경에 나오는 스토리가 다른 소재들로 더욱 풍성해지며 서신서나 예언서 등과 같이 구체적인 이야기가 기록되지 않은 본문 전개에 도움이 된다. 설교자는 도입부에서 짧은 예화를 사용하여 설교자가 제기하려는 문제를 부각시킨 후 다양한 예화를 통해 문제를 심화시킨다. 그때 설교자는 본문으로 돌아가 본문에 나타난 갈등을 다루고 그 갈등에 적합한 메시지와 관련된 예화를 소개한 뒤 마지막으로 핵심 메시지를 제시한다. 이 방식은 예화를 매우 많이 사용하기 때문에 설교의 메시지보다 예화가 더 돋보일 위험이 있다. 이런 위험성을 방지하기 위해 설교자는 주제를 일관성 있게 유지하는 것에 집중하여야 한다.

내러티브 설교에 대한 평가

내러티브 설교는 전통적인 설교학의 문제점을 극복하기 위한 새로운 도전이며 오늘까지도 신설교학을 대표하는 설교이다. 내러티브 설교에 대해 다양한 평가가 있으며 긍정적으로 평가하는가 하면 반대로 부정적으로 평가하기도 한다. 그러므로 내러티브 설교에 대해 객관적으로 정리된 평가가 절실하다. 여기서는 내러티브 설교에 대한 긍정적인 평가와 부정적인 평가를 살펴보고자 한다.

내러티브 설교의 긍정적인 평가

첫 번째 긍정적인 평가는 지금까지 설교학이 간과했던 설교 형식의 역할에 대해 강조한 것이다. 전통적인 설교에서 형식에 대한 문제는 종종 내용의 중요성에 가려져 왔다. 로우리는 설교의 내용이 형식에 의해 더 효과적으로 전달될 수 있다고 믿었고 자신의 설교학적 플롯을 통해 증명하고자 노력하였다. 전통적인 설교가 본문으로부터 아이디어나 명제를 추출하는 것에 중점을 두었다면 로우리는 한 걸음 더 나아가 아이디어나 명제를 전달하는 형식의 중요성을 강조하였다. 로우리의 이러한 주장은 매우 획기적으로서 설교자들이 그동안 지나쳤던 형식에 대한 인식을 바꾸는 데 큰 역할을 하였다.

두 번째 긍정적인 평가는 청중에 대한 새로운 신학적 이해를 넓혔다는 것이다. 전통적인 설교에서 청중은 메시지를 일방적으로 듣기만 하는 수동적 위치에 있었다. 마이론 차티어(Myron Chartier)는 이러한 입장을 "활과 화살 모델(bow-and-arrow

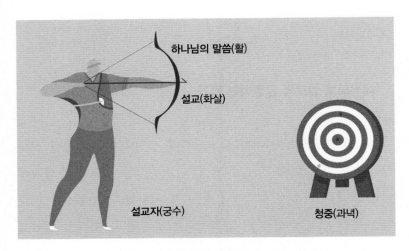

하나님의 말씀(활)

설교(화살)

설교자(궁수)

청중(과녁)

[그림 5] 활과 화살 모델

model)"로 소개한다.[59] 그림 5와 같이 전통적인 설교에서는 설교자(궁수)가 화살(설교)을 당겨 하나님 말씀(활)을 청중(과녁)에게 맞추는 것이 가장 중요한 과제였다. 활과 화살 모델에 의하면 청중은 궁수가 쏘는 활에 맞기만 하는 정적인 과녁, 즉 수동적인 위치에 있는 것이다.

그러나 내러티브 설교는 청중을 적극적인 참여자로 여긴다. 청중은 내러티브 설교의 흐름 가운데 설교자와 함께 설교의 여정

---

59   Myron R. Chartier, *Preaching as Communication: An Interpersonal Perspective* (Nashville, TN: Abingdon, 1981), 15.

(homiletical journey)을 떠나는 동반자가 된다. 본문의 플롯이 청중을 설교에 참여하도록 붙잡는 힘을 가졌기 때문이다. 플롯은 설교가 끝나는 순간까지 청중의 긴장감을 유지하도록 이끌 뿐 아니라 반전을 통과하면서 함께 해결에 이르도록 돕는다.

세 번째 긍정적인 평가는 내러티브 설교가 복음의 위대함을 깨닫도록 한 것이다. 로우리는 복음이 선포되는 단계에 이르기 전에 중요한 것이 있다고 주장한다. 그것은 인간의 모든 행동과 추구가 의미가 없다는 것을 청중이 스스로 깨닫는 것이다. 로우리는 다음과 같이 말한다.

우리는 이야기로서의 설교 이미지 안에 함축된 '접촉점'에 관한 신학적인 관점에 주의해야만 한다. 이것은 자유주의적 전통의 귀납적인 과정(복음을 인간의 경험과 연속성이 있다고 보는 관점)과 신정통주의적인 전통의 연역적인 과정(복음을 인간 경험과 연속성이 없다고 보는 견해) 모두와 다른 관점이다. … 제 3의 대안은 인간의 경험이 뒤집어진 후에 인간 경험과 연속성을 지닌 복음을 조망해 보는 것이다. 따라서 나는 여기서 귀납적으로 시작해 '인간이 성취하겠다'는 사고방식의 막다른 골목을 밝혀주고, 문제를 뒤집고, 그리고는 복음을 연역적으로 선포하는 해결의 실마리로

옮겨간다.[60]

내러티브 설교는 '성취하고자 하는 인간적 사고방식' (human fulfillment mentality)의 한계를 폭로한다. 즉, 인간이 자신만의 방식으로 모든 문제를 해결할 수 있다고 믿는 것이 틀렸다는 것을 드러내는 것이다. 내러티브 설교는 여기서 멈추지 않고 더 나아가 반전을 통해 청중에게 복음의 놀라움과 신비를 깨닫도록 돕는다. 로널드 앨런(Roland Allen)은 내러티브 설교가 청중들에게 그들의 삶을 다시 생각하도록 할 뿐만 아니라 청중들이 진정으로 복음을 이해하도록 돕는다고 평가한다.[61]

내러티브 설교의 부정적인 평가

내러티브 설교의 첫 번째 부정적인 평가는 본문의 메시지를 왜곡할 수 있다는 것이다. 앞에서 살펴본 바와 같이 로우리는 비명제적인 설교를 추구한다. 이 말은 설교자가 전달한 메시지가 수용자의 결정에 의해 충분히 바뀔 수 있다는 뜻과도 같다. 류응

---

60   Lowry, *The Homiletical Plot*, 78-79.

61   Roland J. Allen, *Patterns of Preaching: A Sermon Sampler* (St.Louis, MO: Chalice Press,1998), 94.

렬은 내러티브 설교가 의미 결정의 주체를 저자가 아닌 청중으로 옮겼다고 지적한다.[62] 수용자의 주관적 판단에 따라 그 메시지가 왜곡될 가능성이 농후하다는 것이다. 기독교 설교는 기본적으로 성경 본문에 근거해야 하며 본문이 말하고자 하는 메시지가 명확히 드러날 때 비로소 권위 있는 하나님의 말씀이 된다. 본문에 담긴 메시지를 무시하고 의미 결정을 청중으로 옮길 때 객관적인 진리가 주관적인 진리로 바뀌는 결과를 낳는다. 롱은 본문의 영향력이 본문의 아이디어와 명제적 내용과는 연결되지 않는다고 주장한 로우리의 주장이 사실상 틀렸다고 결론짓는다.[63] 청중이 스스로 판단하고 결정하도록 무조건 허용하는 것은 청중의 자율성은 얻을지라도 본문의 권위가 상실되기 때문에 위험하다. 진정한 강해설교란 본문의 권위에 복종할 때 일어난다.[64]

두 번째 부정적인 평가는 내러티브 설교가 청중의 체험만을 강조하여 설교에서 어떤 경험을 했을 때 비로소 설교의 목적이 이루어졌다고 여기는 것이다. 종교적인 체험 역시 설교의 한 목

---

62 류응렬, "Eugene Lowry의 설교신학과 평가 복음과 실천", 「복음과 실천신학」 20 (2009): 226.

63 Long, *The Witness of Preaching*, 125.

64 Robinson, *Biblical Preaching*, 22.

적이 될 수 있다. 그러나 체험을 강조한 나머지 설교의 유일한 목적으로 삼는 것은 심각한 위험이 된다.[65] 번 포이트레스(Vern Poythress)가 제시한 목적의 삼각대의 원리를 설교에 대입할 경우 설교는 다음의 삼중 목적을 가진다. 바로 진리(올바른 진리를 가르치는 것), 임재(하나님이 임재하시는 것), 통제(성도의 변화와 성숙)이다.[66] 설교자는 하나님 말씀을 통해 청중에게 진리를 가르친다. 청중은 설교를 통해 하나님의 임재를 경험한다. 하나님의 임재를 체험한 청중은 말씀을 따라 영적으로 성숙하고 변화된다.

---

65 Long, *The Witness of Preaching*, 48.

66 포이트레스는 *God-centred Biblical Interpretation*에서 성경의 삼중 목적을 하나님이 사람들을 변화시키는 것(to transform people), 하나님이 사람들에게 진리를 가르치시는 것(to teach the truth), 하나님이 사람들 속에 임재하시는 것(to be present)으로 제시한다. 그는 삼위일체 하나님의 각 위격들이 상호 내재하는 것처럼(περιχώρησις/ perichoresis) 성경의 목적들 역시 상호 내재한다고 주장한다. 그 이유는 성경이 인간에게 주어진 하나님 말씀으로 모형적 차원에서 상호 내재하기 때문이다. 그러므로 이 세 가지 목적은 하나이며 상호 간에 서로를 포함한다. 즉, 이 세 가지 목적은 항상 함께한다. 하나님을 인격적으로 만나는 것은 그분에 대하여 무엇인가를 아는 것으로 진리를 아는 것이다. 진리를 아는 것은 하나님을 만나는 것이며 신자는 하나님을 만나 그분의 임재 가운데 변화된다. Vern S. Poythress, *God-centred Biblical Interpretation*, (Phillipsburg, NJ: P & R Pub, 1999), 52-57. 여기서는 포이트레스의 주장에 근거해 설교의 목적을 세 가지로 제시하고자 한다. 설교의 목적은 진리(올바른 진리를 가르치는 것), 임재(하나님이 임재하시는 것), 통제(성도의 변화와 성숙)이다. 이 세 가지 목적 역시 서로 상호 내재한다. 청중은 설교를 통해 하나님의 진리를 배운다. 설교자가 하나님의 진리를 가르칠 때 하나님이 설교 가운데 임재하신다. 하나님의 임재를 체험한 청중은 진리의 말씀을 통해 변화된다.

삼중 목적 중에서 임재(체험)만 강조하고 다른 목적을 간과하면 설교는 이내 균형을 잃어버린다. 예를 들어, 설교에서 경험만 강조될 경우 청중은 하나님의 말씀을 제대로 이해하지 못하거나 하나님 백성으로서의 역할과 사명에 대해 잊어버릴 수 있다.

세 번째 부정적인 평가는 내러티브 설교가 열린 결말(open ending)을 주장하는 것이다. 로우리는 설교에서 결론을 앞세워 청중에게 적용을 촉구하지 않아야 한다고 주장한다. 그는 설교에서 적용을 강조하는 것을 행위적인 의를 강조하는 것이라고 비판하며 적용을 설교의 초점을 인간에게 맞추는 이상한 행위라고 평가한다.[67] 이와 같이 로우리는 설교자가 본문의 메시지를 청중의 삶에 적용하는 것을 일방적인 횡포로 간주하며 오히려 적용을 청중의 손에 맡길 것을 강조한다. 청중이 메시지를 듣고 그 메시지에 근거해서 자기 스스로 적용을 할 수 있다고 믿는 것이다. 그러나 구체적인 적용이 없는 설교는 청중의 변화를 이끌기 어렵다. 톰슨은 로우리의 내러티브 설교가 듣는 사람의 삶의 변화를 구체적으로 요구하는 것을 꺼린다고 비판한다. 설교는 특정한 청중을 향해서 하는 것이며 설교자는 특정한 청중을 고려하여 구체적인 적용을 제시해야 한다. 청중의 변화 역시 설교의 삼중 목적 중 하

---

67   Lowry, The Homiletical Plot, 69.

나이다. 하나님의 말씀은 청중에게 변화를 촉구하므로 설교자는 본문의 메시지에 근거하여 청중에게 적용을 제시해야 한다.

네 번째 부정적인 평가는 믿음의 공동체를 세우는 데에는 취약하다는 것이다. 찰스 캠벨(Charles L. Campbell)은 한스 프라이(Hans Frei)의 탈자유주의 신학(Postliberal theology)에 근거하여 로우리를 비판한다. 캠벨은 내러티브 설교를 경험-표현주의 모델(experiential-expressive model)로 분류한다. 경험-표현주의 모델은 19세기 독일의 자유주의 신학자 슐라이어마허에 의해 주도된 신학적 입장으로서 인간의 경험을 종교의 본질로 삼는 입장이다. 캠벨은 개인의 경험에만 집중하는 내러티브 설교가 경험-표현주의 모델에 근거한 근대 자유주의의 틀을 벗어나지 못했다고 평가한다.[68] 캠벨은 내러티브 설교가 청중에게 경험을 제공하는 일에만 몰두할 뿐 하나님 백성을 믿음의 공동체로 세우는 일에 취약할 수밖에 없다고 비판한다.[69]

다섯 번째 부정적인 평가는 내러티브 설교가 객관적인 복음을 주관적인 복음으로 변질시킨다는 것이다. 캠벨은 내러티브 설

---

68   Campbell, *Preaching Jesus*, 121-122.

69   Campbell, *Preaching Jesus*, 144.

교에서 말하는 복음이 사실상 개인의 경험에 의해 판단되는 주관적인 복음에 불과하다고 비판한다.[70] 앞에서 다룬 것과 같이 로우리는 회중이 자신의 플롯을 통해 복음을 실존적으로 체험해야 한다고 주장한다. 결국 로우리에게 복음이란 단순히 플롯의 반전을 통한 실존적인 체험을 하는 것에 불과하다는 의미로 볼 수 있다. 캠벨은 로우리의 플롯과 설교 신학이 성경 안에 있는 복음서들의 귀속하는 논리(the ascriptive logic)를 참으로 인식하고 있는지를 묻는다. 그는 내러티브 설교가 청중들에게 특별한 경험을 제공하기 위해 단순히 플롯만 만드는 것에 심각한 문제가 있다고 비난하며 성경의 중심을 이루고 있는 예수 그리스도의 이야기에 초점을 맞추어야 한다고 주장한다. 캠벨은 기독교 설교에서 중요한 것이 스토리나 플롯이 아니라 개인의 정체성을 변화시키는 특별한 이야기, 즉 플롯을 통해 예수 그리스도의 정체성을 드러내는 것이야말로 내러티브 설교가 다루어야 할 복음이라고 주장한다.

---

70   Campbell, *Preaching Jesus*, 142,

맺는 말

3장에서는 다음의 다양한 주제를 다루었다.

첫째, 설교 전달과 관련하여 고난 설교의 문제점으로 효과적인 설교 형식의 부재에 대해 살펴보았다. 연역적 형식은 정보 전달과 가르침 중심의 형식으로서 고난 설교를 위한 형식으로는 비효과적이라고 평가할 수 있다. 연역적 형식의 고난 설교는 설교를 일종의 강의같이 만들 수 있으며 청중의 호기심을 유발하거나 긴장감을 유지하기 어렵다. 또한 본문 해석의 오류가 발생할 가능성이 있다.

둘째, 설교 형식에 대해 다루었다. 여기서는 설교의 내용과 더불어 설교 형식도 중요하다는 것을 살펴보았다. 설교 형식은 내용을 더 효과적으로 전달할 뿐만 아니라 설교에서 내용과 유기적인 결합을 이룬다. 또한 형식은 그 자체로서 하나의 독특한 메시지가 될 수 있다. 설교 형식이 중요한 이유는 성경의 저자들이 형식을 사용하여 메시지를 전달하였고 설교 자체가 신적 커뮤니케이션이기 때문이다. 하나님은 다양한 설교 형식을 통해 청중과 소통하신다. 여기서는 설교의 발전 혹은 움직임을 따라 설교 형식을 연역적 형식, 귀납적 형식, 반귀납적 형식으로 살펴보았다.

이 세 가지 형식은 각자 장점도 있지만 분명한 한계도 보여준다.

셋째, 내러티브와 플롯에 대해 다루었다. 여기서는 내러티브를 문학적 차원에서 더 나아가 저자의 의도까지 포함된 개념으로 정의하였다. 내러티브에서 가장 핵심이 되는 요소가 바로 플롯이다. 플롯은 고대 수사학에서부터 사용된 문학적 장치이며 아리스토텔레스는 시학에서 플롯의 중요성에 대해 강조한다. 플롯의 핵심은 창작자의 의도를 잘 드러내기 위해 플롯을 어떻게 구성하는가이다. 플롯의 구성에 따라 저자가 이야기를 통해 전하고자 하는 의도가 더 효과적으로 전달될 수 있다.

넷째, 내러티브 설교에 대해 다루었다. 내러티브 설교는 전통적인 설교학의 문제를 극복하기 위한 새로운 도전이며 오늘까지도 신설교학을 대표하는 설교이다. 내러티브 설교는 청중의 경험에 중점을 맞추고 있으며 청중의 체험을 불러일으키기 위한 장치로서 다섯 가지 단계로 구성된 설교학적 플롯을 제안한다. 내러티브 설교에 대해 다양한 평가가 존재한다. 우선 내러티브 설교는 설교 형식과 청중에 대한 인식을 변화시켰다는 면에서 긍정적인 평가를 받는다. 또한 공로주의적 사고를 깨트리고 반전을 통해 청중에게 복음을 발견하도록 돕는다는 점에서 유익하다. 반대로 내러티브 설교에 대해 다음과 같이 부정적으로 평가하는 입장도 있다. 1) 내러티브 설교가 본문의 메시지를 왜곡할 수 있다. 2) 청중의 체험만을 설교의 목적으로 삼는다. 3) 열린 결말을 주장한다. 4) 믿음의 공동체를 세우는 데에는 취약하다. 5) 객관적인 복음을 주관적인 복음으로 변질시킨다. 이러한 부정적인 평가를 요약하면 내러티브 설교가 지나치게 개방적이며 청중 중심적이라는 것이다.

고난설교
어떻게 할 것인가?

4장
———

구속사적
내러티브 설교

좋은 설교란 본문에 근거한 내용과 그 내용을 효과적으로 전하는 형식 양쪽 중에 어느 한쪽도 포기하지 않는 설교이다.[1] 올바른 본문 해석을 통해 본문이 말하고자 하는 메시지를 확보하는 것도 중요하지만, 동시에 그 메시지를 적절한 형식을 사용하여 효과적으로 전달하는 것도 중요하다. 앞의 2장과 3장에서 구속사적 설교와 내러티브 설교에 대해 살펴보았다. 본 장에서는 구속사적 설교의 구속사적 해석과 내러티브 설교의 플롯을 해석과 전달의 관점에서 새롭게 적용할 수 있는 방안을 모색하고 장단점을 서로 보완하여 고난 설교를 위한 설교의 대안으로서 구속사적 내러티브 설교를 제안한다.

구속사적 내러티브 설교

일반적으로 구속사적 내러티브는 구약과 신약 성경 자체에

---

1   York & Decker, 『확신 있는 설교』, 27-38.

나타난 하나님의 구원과 관련된 하나의 거대한 내러티브를 지칭할 때 사용되는 용어이다.[2] 성경에 기록된 구속사적 내러티브는 설교에서도 구현되어야 한다. 구속사적 내러티브를 설교에서 어떻게 구현할 수 있을까? 본서에서는 구속사적 해석과 내러티브의 플롯을 사용한 구속사적 내러티브 설교를 제안하고자 한다. 구속사적 내러티브 설교란 구속사적 해석을 통해 본문에서 얻은 하나님 중심적 중심 사상을 특정한 플롯을 사용하여 전달하는 설교를 의미한다.

위의 그림 1과 같이 설교자는 언제나 본문과 청중이라는 두 대상을 향하여 서 있다. 설교자는 두 대상 중 하나를 포기할 수 없으며 두 대상을 항상 고려해야 한다. 설교자는 이 두 대상과 관련하여 두 가지 설교학적 과제를 수행한다. 첫 번째 과제는 본문 해석이다. 설교자는 본문 해석을 통해 본문이 말하고자 하는 메시지를 얻는다. 두 번째 과제는 메시지 전달이다. 해석이 완료된 후에는 메시지를 전달한다. 여기서 중요한 것은 메시지를 청중에게 효과적으로 전달하는 것이다. 구속사적 내러티브 설교는 해석과 전달에서 구속사적 해석과 내러티브의 플롯을 사용한다. 우선, 구속사적 내러티브 설교는 본문 해석에서 ①과 같이 성경의

2 　이승진, "구속사 내러티브를 구현하는 설교목회에 관한 연구", 93-94.

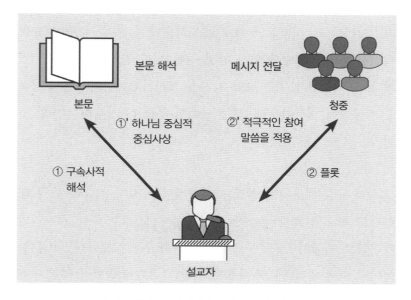

본문 해석

메시지 전달

본문

청중

①′ 하나님 중심적
중심사상

②′ 적극적인 참여
말씀을 적용

① 구속사적
해석

② 플롯

설교자

[그림 1] 구속사적 내러티브 설교의 해석과 전달

통일성과 유기성, 그리고 본문의 구속사적 메시지를 강조하는 구속사적 해석을 따른다. 설교자는 ①′과 같이 구속사적 해석을 통해 본문으로부터 하나님 중심적 메시지를 얻는다. 여기서는 이것을 "하나님 중심적 중심 사상"이라고 표현할 것이다. 하나님 중심적 중심 사상은 청중에게 본문을 통해 고난 가운데서도 일하시는 하나님을 보여주기 때문에 고난 설교의 메시지로서 적합하다. 폴 스캇 윌슨(Paul Scott Wilson)이 주장하는 것과 같이 설교란 하나님이라는 등장인물과 그의 본성에 관한 것을 선포하는 것이다.[3] 이러한 주장은 고난 설교에도 적용할 수 있다. 고난 설교의 메시지는 고난 가운데 역사하시는 하나님에 관하여 선포하는 것이다. 하나님이 설교를 통해 자신을 계시하신다.[4] 하나님 중심적 중심 사상에 대하여 본문 연구 단계에서 좀 더 자세히 설명할 것이다.

구속사적 내러티브 설교는 효과적인 메시지 전달을 위해 내러티브 설교의 기존 플롯을 수정하여 사용한다. 이는 로우리의 내러티브 설교가 가진 문제점을 보완하려는 시도이다. ②와 같이 구속사적 내러티브의 플롯은 갈등 - 심화 - 신학적 역전 - 해결 - 적용으로 이루어져 있다. 이 플롯은 수사학적인 전략 구조(rhetorical strategy structure)를 갖추고 있다. 도입부에서 설교자는 고난으로 인해 청중의 삶에서 발생하는 갈등을 다룬다. 갈등의 심화를 통해 인간에게 더 이상 고난을 해결할 능력이 없음을 깨닫고 구원의 필요성을 느끼도록 한다. 청중은 신학적 반전에서 지금도 자신의 삶에 역사하시는 삼위 하나님을 발견하고 앞으로 하나님이 하실 일들을 기대한다. 더 나아가 청중은 하나님의 구

3　Paul S. Wilson, *The Four Pages of the Sermon: a guide to biblical preaching* (Nashville, TN: Abingdon Press, 1999), 41.

4　Paul S. Wilson, *The Practice of Preaching* (Nashville, TN: Abingdon Press, 2007), 59.

원 사역에 합당한 반응으로서 자신에게 주어진 하나님 백성으로서의 역할과 사명을 재확인한다. ②'와 같이 플롯이 주는 연속성과 움직임은 청중이 설교에 적극적으로 참여하도록 돕는다. 로우리의 내러티브 설교와 달리 적용을 제시함으로써 청중에게 하나님 말씀에 대한 반응을 촉구한다.

구속사적 내러티브 설교의 준비 단계

크래독은 설교 준비에서 반드시 도달해야 할 두 가지 과정이 있다고 주장한다. 이 두 과정은 무엇을 말할 것인가(what to say)와 어떻게 말할 것인가(how to say)에 도달하는 과정이다.[5] 무엇을 말할 것인가의 과정은 본문의 메시지를 얻기 위해 본문을 연구하는 과정이며 어떻게 말할 것인가의 과정은 본문 연구를 통해 얻은 메시지를 효과적으로 전달하기 위해 전략을 세우는 과정이다. 이 책에서는 크래독의 주장을 참고하여 그림 2와 같이 구속사적 내러티브 설교의 준비 과정을 본문 연구와 플롯 구성이라는 두 단계로 제시하고자 한다. 본문 연구는 설교의 기본적인 자

---

5   Fred B. Craddock, *Preaching* (Nashville, TN: Abingdon Press, 2010), 84.

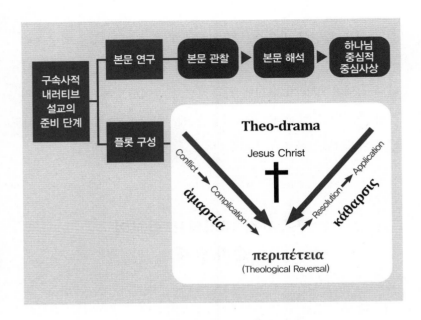

[그림 2] 구속사적 내러티브 설교의 준비 단계

료(original source)가 되는 본문에서 메시지를 얻는 과정이다. 이 단계에는 본문 관찰, 본문 해석, 하나님 중심적 중심 사상 발견하기가 포함된다. 플롯 구성은 본문 연구를 통해 얻은 메시지에 플롯을 통해 움직임과 연속성을 부여하는 것이다. 구속사적 내러티브 설교의 플롯은 갈등, 심화, 신학적 반전, 해결, 적용으로 구성된다.

본문 연구

첫 번째 단계인 본문 연구는 본문 관찰, 본문 해석, 그리고 하나님 중심적 중심 사상 발견하기의 순서로 이루어진다. 본문 연구의 실제로 에스더 4장 15절부터 17절을 예로 들 것이다.

첫 번째 과정은 본문 관찰이다. 본문 관찰은 본문을 신중하게 읽고 세부 사항을 주의 깊게 조사하여 본문의 중요한 사항을 우선적으로 파악하는 것이다.[6] 본문 관찰이 중요한 이유는 설교 준비가 본문 관찰로부터 시작하기 때문이다. 크래독은 설교 연구의 첫 번째 단계는 본문 관찰로서 설교자가 순수하게(naïve) 본문에 참여해야 한다고 강조한다. 설교자는 본문에 대한 자신의 생각을 내려놓고 먼저 본문을 주의 깊게 천천히 읽어야 한다. 크래독의 표현대로 설교자는 본문을 듣고, 생각하고, 느끼고, 상상하고, 물어보아야 한다.[7] 본문을 읽으면서 중요한 단어나 구절 등을 체크하거나 이해가 되지 않는 논리적 연결, 어색해 보이는 단어 선택, 교리적인 난제 등 궁금한 것이나 의문이 드는 것을 기록해 놓는

---

6 Wayne McDill, *The 12 Essential Skills for Great Preaching* (Nashville, TN: Broadman & Holman Publishers, 1994), 45.

7 Craddock, *Preaching*, 105.

것이 좋다.[8] 또한 주의 깊은 관찰을 통하여 본문의 구조와 본문의 단락 등을 나누어 볼 수 있다. 본문 관찰에서 무엇보다 중요한 것은 본문을 올바로 느끼고 이해하는 것으로 설교자는 최소한 본문의 분위기와 내용을 올바로 파악하고 있어야 한다. 채플이 경고하는 바와 같이 본문의 내용만은 확실히 이해했다고 확신할 수 있도록 본문을 신중히 그리고 주의 깊게 관찰해야 한다.[9]

본문 연구의 두 번째 과정은 본문 해석이다. 구속사적 내러티브 설교는 본문 해석을 위한 방안으로 구속사적 해석을 제안한다. 3장에서 논의한 것과 같이 구속사적 해석은 문법적-역사적 해석, 유기적 해석, 그리고 종합적 해석의 방법을 따른다. 구속사 해석의 가장 기초가 되는 해석이 바로 문법적-역사적 해석이다. 문법적-역사적 해석은 본문의 단어와 표현, 장르 등과 같은 문법적인 사항 그리고 그 본문이 기록된 역사적 상황을 연구한다. 문법적-역사적 해석이 본문 해석의 기초가 되는 이유는 그림 3과 같이 분문과 현재의 독자들이 너무 멀리 떨어져 있기 때문이다. 본문과 오늘날의 독자 사이에는 시간, 문화, 지리, 언어 등 건널

---

8   Don R. Sunukjian, *Invitation to Biblical Preaching: Proclaiming Truth with Clarity and Relevance* (Grand Rapids, MI: Kregel Publications, 2007), 22-23.

9   Chapell, *Christ-centred Preaching*, 107.

Then and There

Now and Here

CULTURE ~ LANGUAGE ~ THE SITUATION

[그림 3] 해석학적 간격[11]

수 없는 "해석학적 간격"이 있다.[10] "그때 그리고 거기"(then and there)와 "지금 그리고 여기"(now and here)의 간격을 극복하기 위해 필요한 해석이 바로 문법적 역사적 해석이다.

---

10 William W. Klein, Craig L. Blomberg, Robert L. Hubbard, *Introduction to Biblical interpretation* (Dallas, TX: Word Pub., 1993), 12-16.

11 J. Scott Duvall & J. Daniel Hays, *Grasping God's word: A Hands-on Approach to Reading, Interpreting, and Applying the Bible* (Grand Rapids, MI: Zondervan, 2005), 19-20.

그러나 주해가 단순히 문법적-역사적 해석에서 멈춘다면 본문이 가지고 있는 신학적 차원을 간과하는 것이다. 본문은 역사와 문학, 그리고 신학의 3차원으로 구성되었다. 본문 안에는 특정한 신학이 담겨있으므로 설교자는 본문이 말하고자 하는 바를 신학적 관점에서도 살펴보아야 한다. 신학적 해석에 관심 가지지 않는 것은 성경을 제대로 해석하지 않는 것이며 본문 자체의 주요 관심사를 무시하는 것이다.[12]

구속사적 해석은 본문의 신학적 메시지를 찾기 위하여 유기적 해석과 종합적 해석의 방법을 따른다. 유기적 해석은 구속사라는 더 큰 맥락 안에서 해석하여 본문이 가진 구속사적 의미를 찾아내는 것이다. 즉, 본문이 하나님의 큰 구원 계획 가운데 차지하는 위치를 확인하여 본문이 말하고자 하는 더 풍성한 메시지를 발견하는 것이다. 유기적 해석은 *Tota Scriptura*(전체 성경)의 원칙에 입각한다고 할 수 있다.[13] 예를 들어, 에스더서에는 하나님이란 말이 한 번도 등장하지 않지만, 유대인들이 하나님의 도우심 가운데 이방 대적들의 심각한 위협으로부터 어떻게 벗어나는

---

12   T. Desmond Alexander & Brian S. Rosner, 『IVP 성경신학사전』, 권연경 외 4명 옮김 (서울: IVP, 2004), 30.

13   송병현, "소돔과 고모라의 최후", 『창세기 어떻게 설교할 것인가』, 목회와 신학 편집부 엮음 (서울: 두란노 아카데미, 2008): 30.

지를 보여준다. 본서 전체 내용 속에는 하나님이 그의 백성들을 위험에서 구원하시는 섭리와 은혜가 깊이 스며들어 있다. 설교자는 이러한 맥락에서 에스더를 읽고 해석해야 한다.

종합적 해석은 해석자가 본문을 그 본문의 고유성 안에서 보는 것이다. 종합적 해석은 해석자가 본문에 담겨있는 요소들의 특별한 관계(종합)에 주의를 기울인다. 본문은 구속사의 한 부분에 속해져 있지만, 그 자체의 고유한 요소들을 통해 고유한 메시지를 전달한다. 종합적 해석은 *Sola Scriptura*(오직 성경)의 원칙을 따른다고 할 수 있다. 예를 들어, 에스더 4장은 고유한 요소들을 통해 에스더가 일사각오의 결정을 하기까지 하나님이 어떻게 에스더에게 역사하셨는지를 의도적으로 보여준다. 하나님이 모르드개와 유다인들의 금식하고 통곡하는 모습을 통해 에스더의 마음을 움직이셨고 모르드개와 나눈 일련의 대화와 경고를 통해 에스더를 강하게 설득하셨다. 에스더가 "죽으면 죽으리이다"라고 담대히 결정할 수 있었던 이유는 바로 그러한 하나님의 섭리 때문이다. 에스더는 이러한 여러 가지 상황을 통해 자신을 왕후로 세우신 하나님의 목적을 발견한다. 에스더 4장 16절에 기록된 "죽으면 죽으리이다"라는 결심은 이스라엘 백성을 살리기 위해 자신의 의지로 한 결심이 아니다. 에스더서의 저자가 독자들에게 말하고자 하는 바는 에스더의 담대함이나 용기가 아니다. 에스더가 일사각오의 결심을 할 수 있도록 인도하신 하나님을 증거하는 것이며 하나님이 한 여인을 통해 이스라엘 백성을 고난 가운데 어떻게 구원하시는지를 보여주는 것이다.

본문 연구의 세 번째 과정은 하나님 중심적 중심 사상 발견하기이다. 강해설교에서 가장 중요하게 강조하는 것이 본문의 중심 사상(big idea)이다. 강해 설교의 아버지라고 불리는 해돈 로빈슨(Haddon Robinson)은 중심 사상(big idea)에 대해 본문 전체를 집약할 수 있는 하나의 지배적인 아이디어(a single dominant idea)라고 정의한다.[14] 중심 사상은 설교학자들마다 다른 용어로 표현된다. 예를 들면, 롱은 초점 진술(Focus statement), 윌슨은 본문의 주된 관심사(major concern of the text), 맥딜은 본문의 사상(textual idea)이라고 표현한다. 사용한 용어는 다르지만 그 개념은 같다. 그들이 사용하는 중심 사상과 대체 용어들은 본문 속의 모든 상세한 부분을 하나로 묶어 의미를 부여해주는 하나의 사고 단위를 의미한다.[15] 중심 사상은 두 개의 요소로 구성되며 이 두 요소를 합치면 중심 사상이 된다. 첫 번째 구성요소

---

14   Robinson, *Biblical Preaching*, 16-17.

15   Ramesh Richard, *Scripture Sculpture: A Do-it-yourself Manual for Biblical Preaching* (Grand Rapids, MI: Baker Books, 1995), 67; Robinson, *Biblical Preaching*, 17-18.

는 주제(subject)로서 저자가 본문에서 무엇에 관해 말하는지에 대한 완전하고 정확한 대답이다. 두 번째 구성요소는 보충요소 (complement)로서 저자가 이 주제에 대해 무엇이라고 말하는지에 대한 해답이다.[16]

설교에서 중심 사상이 중요한 이유는 다음과 같다. 첫째, 하나의 중심 주제를 전하는 것이 본문이 기록된 목적에 부합하기 때문이다. 본문은 하나의 핵심적인 주제를 가지고 있으며 독자를 향해 이 주제를 전하는 것이 목적이다.[17] 중심 사상은 본문의 의미들을 하나의 아이디어로 축약하여 전달하기 때문에 본문의 목적에 부합한다. 둘째, 하나의 아이디어에 집중하는 것이 다양한 주제를 전하는 것보다 효과가 크다. 로빈슨의 지적과 같이 설교는 산탄이 아니라 명중탄이 되는 것이 좋다.[18] 효과적인 설교는 여러 개의 주제를 남발하는 것이 아니라 하나의 핵심 아이디어를 구체화하고 발전시킨 것이다. 리차드 라메쉬(Richard Ramesh)는 본문의 중심 사상이 본문의 심장에 해당하므로 설교자들이 본문

---

16   Robinson, *Biblical Preaching*, 20-26.

17   John stott, 『현대 교회와 설교: 성경적 강해설교와 현대인의 삶』, 정성구 옮김 (서울: 반석문화사, 1992), 242-46.

18   Robinson, *Biblical Preaching*, 17.

전체를 통합하는 중심 명제를 찾기 위해 노력해야 한다고 권고한다.[19]

구속사적 내러티브 설교는 구속사적 해석을 통해 본문에서 하나님 중심적 메시지를 얻는다. 그러한 이유로 구속사적 내러티브 설교의 중심 사상을 "하나님 중심적 중심 사상"(God-centered big idea)이라고 표현하고자 한다. 하나님 중심적 중심 사상이 중요한 이유는 고난 가운데 역사하시고 섭리하시는 하나님에 대해 다루기 때문이다. 하나님 중심적 중심 사상은 특정한 신앙 행위나 성경 인물의 모범을 고난의 해결책으로 소개하는 인간 중심적 메시지에서 벗어날 수 있도록 돕는다.

뿐만 아니라 하나님 중심적 중심 사상은 본문을 통한 하나님과의 만남을 통해 청중을 더욱 강한 믿음 가운데 서게 한다. 이승진은 청중이 이 세상에서 "역설적인 긴장"(paradoxical tension)을 유지하며 살아가는 존재라고 표현한다. 청중은 하나님과 언약적인 관계에 있음에도 불구하고 이 세상에서 해결되지 않는 고난의 현실을 살아간다.[20] 즉, 구원 받았으나 여전히 세상에서 살아

---

19   Richard, *Scripture Sculpture*, 67-68.

20   이승진, "청중에 대한 설교학적 이해", 「복음과 실천신학」 6 (2003): 63-64.

가야 하는 존재(Being-saved-in-the-world)인 것이다.[21] 그런 이 중적인 삶의 현실을 살아가는 청중에게 필요한 것이 바로 하나님 에 대한 확인이다. 고난 설교는 고난을 회피하거나 해결할 답을 가르쳐주는 것이 아니다. 바로 고난 가운데서도 신자의 삶에 역 사하시는 하나님을 선포하는 것이다. 구속사적 내러티브 설교의 하나님 중심적 중심 사상은 오늘날 신자들의 고난의 현실 가운 데 역사하시는 하나님을 청중에게 보여주는 것을 가장 중요한 목 표로 삼는다. 구속사적 내러티브 설교의 하나님 중심적 중심 사 상은 설교의 진정한 목표인 하나님을 드러내는 것(disclosure of God)[22]에 매우 충실한 설교라고 평가할 수 있다.

하나님 중심적 중심 사상 역시 중심 사상과 같이 하나님 중심 적 주제와 하나님 중심적 보충 요소로 구성된다. 하나님 중심적 주제(God-centered subject)는 본문이 하나님에 대해 무엇을 말 하는지에 관한 것이다. 하나님 중심적 보충 요소(God-centered complement)는 본문이 하나님 중심적 주제에 대해 무엇을 말하 는지에 대한 해답이다. 하나님 중심적 주제와 보충 요소를 구성

---

21   David Buttrick, *Homiletics: Moves and structures* (Philadelphia, PA: Fortress Press, 1987), 41.

22   Wilson, *The Practice of Preaching*, 20.

하기 위해 채플의 "타락한 상황에 초점 맞추기"(FCF: the Fallen Condition Focus)가 도움이 된다. 설교자는 본문에서 하나님의 백성들이 겪는 영적·실제적 문제를 파악하고 하나님이 문제 가운데 어떻게 개입하시고 역사하시는지를 확인함으로 하나님 중심적 중심 사상을 만들 수 있다. 예를 들어, 설교자는 에스더 4장에서 유대인들을 향한 하만의 핍박과 공격을 발견한다. 하만의 핍박과 공격은 모르드개와 에스더뿐만 아니라 모든 유대인의 생존을 위협한다. 이러한 핍박과 공격은 오늘날에도 발견할 수 있다. 그리스도인을 핍박하고 교회를 공격하는 세력들은 과거를 넘어 현재에도 여전히 존재한다. 그리스도인을 향한 핍박과 공격은 당대의 독자들과 오늘날의 성도들이 함께 공유하는 FCF라고 할 수 있다. 설교자는 하나님의 백성을 향한 세상의 핍박과 공격을 본문의 FCF로 설정할 수 있다. FCF가 설정되었다면 이제 설교자는 FCF에 근거하여 본문 안의 하나님의 구원 사역을 확인해야 한다. 에스더 4장에서 하나님이 에스더의 삶에 개입하시고 관섭하셔서 에스더의 마음을 움직이시고 결국 유대인을 핍박과 공격에서 구원하신다. 따라서 다음과 같이 에스더 4장 15절부터 17절의 하나님 중심적 중심 사상을 만들 수 있다.

• 하나님 중심적 주제 : 유대인들을 핍박과 공격으로부터 구원하시는 하나님

- 하나님 중심적 보충 요소 : 하나님이 에스더의 삶에 개입하시고 관섭하셨다.
- 하나님 중심적 중심 사상 : 하나님이 에스더의 삶에 개입하시고 관섭하심으로 유대인들을 핍박과 공격으로부터 구원하셨다.

플롯 구성

한스 우르스 폰 발타살(Hans Urs von Balthasar)은 하나님의 절대주권과 인간의 자유 사이의 관계에서 발생하는 신학적 갈등을 드라마 이론을 통해 해결하고자 하였다. 발타살은 신적 드라마 창조를 위한 요소로서 저자인 하나님, 연출자인 성령, 그리고 배우인 인간을 소개하고 드라마의 실현(realization)을 위한 요소로서 표현, 관객, 지평을 소개한다.[23] 발타살에게 영향을 받은 케빈 밴후저(Kevin Vanhoozer)는 자신만의 독특한 드라마 이론을 제안한다. 밴후저의 드라마 이론은 텍스트인 성경에 초점을 맞추고 이에 근거하여 성경의 저자인 하나님을 자세히 설명한다. 밴후저는 신학을 연출, 성경을 대본, 신학적 이해를 공연, 교회를 회사,

---

23　H. U. Von Balthasar, *Theo-Drama: Theological Dramatic Theory*. Volume I: Prolegomena, trans. G. Harrison (San Francisco, CA: Ignatius Press, 1988), 268-342.

목회자를 연출가로 각각 대응시키며 새로운 "은유적 방법"을 제
시한다. 그의 드라마는 5막으로 구성되며 창조, 이스라엘, 예수,
교회, 종말로 나뉜다.[24]

　발타살과 밴후저가 주장하는 드라마 이론 사이에는 차이점이
있지만, 기본적인 공통점이 있다. 두 드라마 이론이 구속사를 기
반으로 전개되며 구속사를 하나님이 타락한 인간들을 구속하기
위한 큰 경륜과 계획이 기록된 하나님의 드라마(Theo-drama)라
고 제시하는 것이다.[25] 즉, 성경의 구속사를 하나님의 주권 아래
하나님의 계획이 성취되는 한 편의 드라마로 간주한 것이다. 이
신적 드라마의 특징은 바로 대반전(The Great Reversal)의 드라마
라는 것이다.[26] 드라마의 절정에는 예수 그리스도의 십자가와 부
활 사건이 자리하며 이 십자가와 부활 사건이 대반전의 드라마를
이끌어간다.

24　Kevin J. Vanhoozer, *The Drama of Doctrine: A Canonical-Linguistic Approach to
Christian Theology* (Louisville, KY: Westminster John Knox Press, 2005), 12.

25　박형철, "한스 우르스 폰 발타살과 캐빈 밴후저의 드라마 이론에 나타나는
구원론에 관한 연구", 「장신논단」 44 (2012):170-172.

26　Allen Verhey, *The Great Reversal: Ethics and the New Testament* (Grand Rapids,
MI: W.B. Eerdmans Pub, 1984), 94. Andrew Steinmann, *Called to be God's People: An
Introduction to the Old Testament* (Eugene, OR: Wipf & Stock, 2006), 95.

삼위 하나님이 하나님의 형상으로 인간을 창조하셨다. 그러나 인류는 범죄하여 전적으로 타락하여 그 결과 하나님과 완전히 단절되었다. 인간은 하나님과 더욱 멀어져 율법은 오히려 인간의 불가능성(impossibility), 즉 인간에게 스스로를 구원할만한 아무런 능력이 없음을 더욱 선명하게 보여주었다. 이 단계를 아리스토텔레스의 용어를 빌리자면 하마르티아(ἁμαρτία)라고 할 수 있을 것이다. 이러한 인류를 구원하시기 위해 독생자 예수 그리스도께서 이 세상에 오셔서 인류의 죄를 모두 짊어지시고 대속의 죽음을 감당하셨다. 예수 그리스도께서는 사망의 권세를 깨시고 사흘 만에 부활하셔서 그의 백성들에게 보혜사 성령 하나님을 보내주셨다. 예수 그리스도의 구속 사역은 인간을 구원하시는 하나님의 놀라운 대반전이었다. 이 단계를 아리스토텔레스의 용어를 빌려 페리페테이아(περιπέτεια)라고 할 수 있을 것이다. 이러한 대반전으로 죄인들은 용서받고 하나님 안에서 새로운 피조물이 되었다. 새로운 가능성(possibility)이 열린 것이다. 때가 임하면 예수 그리스도께서 재림하셔서 이 세상을 온전히 회복하실 것이다. 이 단계를 아리스토텔레스의 용어를 빌려 카타르시스(κάθαρσις)라고 할 수 있을 것이다.

구속사적 내러티브 설교는 이러한 신적 드라마의 흐름을 따라 갈등과 심화, 반전, 그리고 해결의 플롯을 구성한다. 그러나

구속사적 내러티브 설교의 플롯의 독특한 점은 적용이 포함된다
는 것이다. 적용이 없다면 설교가 그저 하나님의 구원 드라마에
대한 좋은 이야기를 듣는 것으로 끝날 수 있기 때문이다. 설교는
신자들에게 구원받은 하나님의 백성으로 은혜에 합당한 삶을 살
아가도록 촉구한다. 객관적 사실인 하나님의 구원에서 더 나아가
오늘의 회중과 교회 현장에서 다시 주관적으로 적용되어 반복되
도록 적용의 차원을 확보하는 것이 중요하다.[27]

서신서에서 바울은 직설법(indicative)과 명령법(imperative)이
라는 독특한 구조를 통해 하나님의 구원을 서술하는 것에서 멈
추지 않고 그리스도인들이 구원의 은혜에 근거하여 하나님 나라
백성으로서 거룩한 삶을 살 것을 명령한다. 이러한 직설법과 명
령법의 구조는 설교에도 적용할 수 있다. 존 스토트(John Stott)는
다음과 같이 강조한다. "하나님의 참된 사자는 그리스도의 십자
가를 통해 이루어진 하나님의 위대한 구속 사역에 관해 철저하고
사려 깊게 선포하고자 주의를 기울이며 그런 뒤 사람들에게 회
개하고 믿음을 가지라고 진지하고 치열하게 호소한다. 이 두 가
지는 모두 있어야만 한다."[28] 존 페스코(John Fesko)는 구원 역사

---

27   이승진, "설교의 적실성과 적용", 「설교한국」 4/2 (2012): 34.

28   John R. W. Stott, *The Preacher's Portrait* (London: Tyndale Press, 1961), 51.

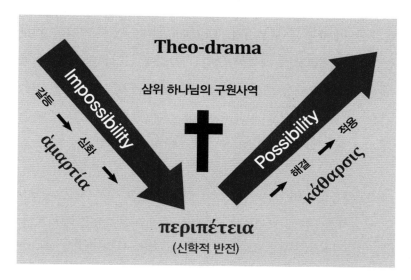

[그림 4] 구속사적 내러티브 설교의 플롯

에 근거한 설교의 직설법과 명령법의 구조를 가리켜 "구원의 어법"(the gramma of salvation)이라고 표현한다.[29] 설교는 단순히 구원 사역에 대해 설명하고 가르치는 것이 아니다. 설교란 하나님과 하나님의 하신 일들에 대해 선포하고 그에 합당한 반응으로 적용을 제시하여야 한다.

따라서 그림 4와 같이 구속사적 내러티브 설교의 플롯을 제

---

29   John Fesko, "Preaching as a Means of Grace and the Doctrine of Sanctification: A Reformed Perspective," *American Theological Inquiry*, Vol. 3 (2010, Jan): 49.

안한다. 이 플롯은 로우리의 Homiletical Plot을 수정하여 제시한 것이며 페스코가 제시한 구원의 어법에 근거하여 적용을 추가하였다. 구속사적 내러티브 설교의 플롯 구성은 다음과 같다: 갈등(conflict) → 심화(complication) → 신학적 반전(theological reversal) → 해결(resolution) → 적용(application).

(1) 갈등(Conflict)

구속사적 내러티브 설교는 설교의 도입부에 갈등을 제시한다. 영화나 드라마의 앞부분에서 갈등을 제시하여 관객을 긴장시키고 흥미를 유발하는 것처럼 설교자 역시 설교의 도입부에서 갈등을 제시하여 청중들의 참여를 이끌어낼 수 있다. 구속사적 내러티브 설교의 특징은 갈등을 본문 안에서만 찾는다. 이것은 로우리의 내러티브 설교가 제안하는 갈등의 문제점을 극복하기 위한 시도이다. 로우리의 내러티브 설교는 청중의 흥미를 유발하거나 자극하기 위해 갈등을 제기하는 것에 중점을 맞추지만, 갈등을 성경 본문이 아닌 청중의 삶으로부터 도출하는 경우가 있다. 이 경우는 인간의 상황이 설교의 중심 사상을 결정하게 되며 본문의 의도를 왜곡할 수 있다.[30] 단순히 청중의 흥미를 위해 본문과

---

30   류응렬, "새 설교학: 최근 설교학에 대한 개혁주의적 평가",「신학지남」72 (2005): 200-201.

관련 없는 갈등을 제시할 수 있다는 것이다. 이러한 문제를 피하기 위해 구속사적 내러티브 설교는 갈등을 성경 본문 안에서 찾는다. 성경의 모든 본문은 하나님의 은혜가 없이 전적으로 타락한 인류의 죄된 본성과 결과들을 보여주기 때문에[31] 설교자는 본문 안에서 충분히 갈등을 발견할 수 있다. 본문에서 발견한 갈등을 오늘날과 연관하여 더 효과적으로 설교의 초입부에서 먼저 다룰 수 있다. 다만 설교자가 주의해야 할 것은 플롯의 갈등이 언제나 본문에 근거해야 한다는 것이다.

(2) 심화(Complication)

갈등을 통해 청중들의 참여를 이끌어냈다면 다음 단계는 갈등을 심화하는 단계이다. 구속사적 내러티브 설교에서 심화의 목적은 두 가지이다. 첫째, 심화를 통해 인간에게 고난을 해결할 가능성이 없음을 보여주는 것이다. 둘째, 이러한 불가능을 해결할 방안을 찾기 위해 청중을 초대하는 것이다. 갈등은 다양한 방식을 통해 심화할 수 있다. 첫째, 오늘날 청중들과 연관된 예나 예화를 사용하는 것이다. 둘째, 성경의 이야기나 예를 사용하여 심화하는 것이다. 셋째, 앞에서 논의한 방법을 혼합하는 것이다. 이 경우에는 각각의 예를 적절히 잘 배치해야 한다.

---

31   Chapell, *Christ-centred Preaching*, 105-106.

(3) 신학적 역전(Theological reversal)

하나님은 그의 백성들을 고난 중에 방치하지 않으신다. 하나님은 택하신 백성들을 고난 가운데 구원하시며 은혜와 회복으로 이끄신다. 본문은 독자에게 이러한 하나님의 역사하심과 섭리를 보여준다. 본문에 충실한 설교라면 갈등에 대한 하나님의 은혜와 회복하심을 보여주는 특별한 신학적 움직임(theological movement)이 있어야 한다.[32] 구속사적 내러티브 설교는 이러한 신학적 움직임으로 삼위 하나님이 행하신 구원 역사를 제시한다. 아리스토텔레스의 시학이나 로우리의 내러티브 설교에서 제시하는 역전이 단순히 상황의 급작스러운 변화나 운명의 전환을 의미하였다면, 구속사적 내러티브 설교에서 말하는 신학적 역전이란 회복과 은혜로의 특별한 하나님의 행동과 관련된 역전을 의미한다. 그런 점에서 구속사적 내러티브 설교에서는 역전이라는 용어 대신 삼위 하나님에 의해 이루어지는 역전이라는 의미로서 "신학적 역전"이란 용어를 사용하고자 한다.

구속사적 내러티브 설교에서 설교자는 신학적 역전을 위해 본문에서 하나님이 행하신 일을 발견해야 한다. 때로는 본문에서 하나님의 행동이 선명하게 드러나지 않을 때도 있다. 그런 이유

---

32   Wilson, *The Four Pages of the Sermon*, 156-157.

로 윌슨은 설교자가 늘 본문 속에서 하나님의 은혜를 보거나 하나님의 활동들을 나열하는 훈련을 해야 한다고 강조한다. 윌슨은 모든 성경 본문 속에서 하나님의 행동을 발견할 수 있다고 주장한다.[33]

신학적 반전은 현재형 시제로 제시하는 것이 좋다. 하나님이 오늘날에도 본문을 통해 여전히 우리의 삶 가운데 역사하심을 증거하고 계시기 때문이다.[34] 미래시제는 우리를 여전히 깊은 문제 가운데 남겨두며 은혜를 조건적으로 만든다. 반대로 과거 시제는 본문을 오늘날의 청중과 관련 없는 단순히 과거에 일어난 사건으로 만들 수 있다.

(4) 해결(Resolution)

구속사적 내러티브 설교에서 해결은 설교자가 청중에게 고난을 극복할 대안이나 답을 제공하는 것이 아니라 하나님이 하실 미래의 일들에 대해 선포하는 것을 의미한다. 신학적 반전이 본문을 통해 하나님이 하시는 일들에 대해 선포하는 것이라면, 해결은 하나님이 장차 이루실 일들을 선포하는 것이다. 요한 시리

---

33   Wilson, *The Four Pages of the Sermon*, 158-161.

34   Sunukjian, *Invitation to Biblical Preaching*, 12.

에(Johan Cilliers)가 주장하는 것과 같이 설교는 청중의 영안을 열어 하나님 나라에 새롭게 참여하도록 초청하는 것이다.[35] 청중은 갈등과 심화를 통해 자신에게 주어진 고난이 자신의 능력으로 해결할 수 없는 불가능의 영역임을 깨닫지만, 신학적 역전 가운데 하나님의 섭리와 역사하심으로 불가능이 가능으로 바뀌는 것을 경험한다. 이제 해결에서 설교자는 청중에게 하나님이 앞으로 장차 이루실 놀라운 일들을 선포한다. 구속사적 내러티브 설교가 제안하는 해결은 다음의 두 가지 성격을 가진다. 첫째, 종말론적 성격으로서 해결은 종말론적 교리나 명제들에 근거하여 하나님의 나라와 하나님이 성취하실 약속을 선포하는 것이다. 둘째, 선포적인 성격으로서 설교자는 해결을 통해 하나님의 약속과 계획에 대해 담대하게 선포한다.

(5) 적용(Application)

구속사적 내러티브 설교는 플롯의 마지막 단계로 적용을 제시한다. 플롯에서 적용이 필요한 이유는 다음과 같다. 첫째, 설교는 단순히 과거에 발생한 하나님의 구원에 관한 객관적인 해설에 머물 수 없다. 데니스 캐힐(Dennis M. Cahill)은 설교가 본문에 있

---

35   Johan H. Cilliers, *The Living Voice of the Gospel: Revisiting the Basic Principles of Preaching* (Stellenbosch: Sun Press, 2004), 123.

는 문제로 시작하고 복음 안에서 문제해결을 향해 나아갔다면 이제 은혜에 대한 우리의 반응으로 나아가야 한다고 주장한다.[36] 신약 서신서의 논리를 빗대어 설명하자면 설교는 역사 속에서 발생한 하나님의 위대한 구원을 천명하는 직설법의 진술(indicative description)에 머무를 수 없고 "그러므로"(γὰρ)라는 접속사 이후에 등장하는 명령법의 적용(imperative application)까지 포함해야 한다.[37] 둘째, 청중의 변화가 설교의 중요한 목적이 된다. 설교는 단순히 지식을 전하는 것에 멈추지 않고 청중을 보다 그리스도를 닮은 사람으로 만드는 것을 목표로 한다.[38] 채플은 적용이 있는 설교가 그리스도를 섬기는 결과를 가져온다고 강조한다. 이러한 두 가지 이유에 근거하여 구속사적 내러티브 설교는 적용을 청중에게 자율적으로 맡기는 내러티브 설교의 주장을 따르지 않고 플롯의 마지막 요소로 적용을 제안한다.

---

36   Dennis M. Cahill, *The Shape of Preaching: Theory and Practice in Sermon Design* (Grand Rapids, MI: Baker Books, 2007), 56.

37   류응렬, "바울의 설교를 통해 본 개혁주의 설교: 에베소서를 중심으로", 「신학지남」 71 (2004): 145.

38   Sunukjian, *Invitation to Biblical Preaching*, 12.

구속사적 내러티브 설교의 실제

이제 앞서 논한 준비 단계를 따라 구속사적 내러티브 설교의 실제를 제시하고자 한다. 예시문은 본인이 실제로 설교한 고린도후서 1장 3절부터 6절의 설교문을 사용하였다. 자세한 본문 연구 과정과 플롯 구성의 과정은 생략하고 하나님 중심적 중심 사상과 플롯을 설교문 앞에 소개하였다. 설교의 내용 중 개인적인 정보나 불필요한 예화는 생략하였다.

고후 1:3-6

(3)찬송하리로다 그는 우리 주 예수 그리스도의 하나님이시요 자비의 아버지시요 모든 위로의 하나님이시며 (4)우리의 모든 환난 중에서 우리를 위로하사 우리로 하여금 하나님께 받는 위로로써 모든 환난 중에 있는 자들을 능히 위로하게 하시는 이시로다 (5)그리스도의 고난이 우리에게 넘친 것 같이 우리가 받는 위로도 그리스도로 말미암아 넘치는도다 (6)우리가 환난 당하는 것도 너희가 위로와 구원을 받게 하려는 것이요 우리가 위로를 받는 것도 너희가 위로를 받게 하려는 것이니 이 위로가 너희 속에 역사하여 우리가 받는 것 같은 고난을 너희도 견디게 하느니라

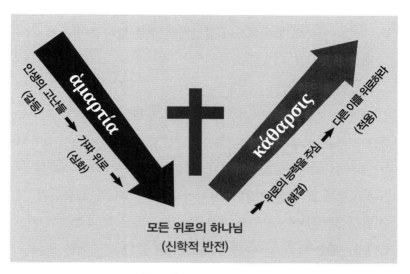

[그림 5] 고후 1:3-6의 플롯

- 하나님 중심적 중심 사상 : 하나님께서는 고난 당하는 이들을 위로하시며, 그들에게 다른 이들을 위로할 새로운 힘을 주신다.

고난을 이기는 위로

고난은 삶의 한 부분으로서 그리스도인이 되었다고 면제되지 않습니다. 오히려 그리스도인이 되었기 때문에 직면해야 하는 고난이 있습니다. 오늘 우리가 읽은 고린도후서의 기록 당시 고린도 교회의 성도들은 환난 가운데 있습니다. 초대 교회의 역사를 살펴보면 당시 믿는 사람들에게 심한 환난이 있었습니다. 예수를 믿는 신앙 때문에 동네에서나 집안에서 추출 당하고 심지어 죽기도 했습니다.

요즘은 그런 환난이 거의 없습니다. 대한민국에서 예수 믿는다고 로마 시대의 초대 그리스도인들처럼 죽임을 당하지 않습니다. 집에서 쫓겨나지도 않습니다. 그러나 그리스도인으로 살 때 여전히 눈에 보이지 않지만 여러 가지 많은 고난을 겪습니다. 예수 믿는 것 때문에 양보해야 합니다. 예수 믿는 것 때문에 참아야 합니다. 예수 믿는 것 때문에 더 희생하고 더 정직해야 합니다. 그리스도인으로 사는 것은 참으로 어렵습니다. 어떤 때는 정신적인 괴로움과 고통을 경험하기도 합니다. 예수 믿는다는 이유만으로 왠지 다른 사람들이 피하는 것 같고, 왠지 마음이 쓸쓸하고 외로워 허허벌판에 혼자 덩그러니 놓인 것처럼 고독할 때가 있습니다. 때로는 인간관계에 갈등이 생겨 괴로울 때도 있습니다.

고린도후서를 쓴 바울 자신도 환난을 경험하였습니다. 바울은 복음을 전하러 가는 곳마다 환난을 경험하였습니다. 고린도후서 11장 23절부터 27절에는 바울이 자신이 경험한 환난 때문에 얼마나 크게 괴로워했는지 언급하고 있습니다. 사실 바울은 자신의 이야기를 하는 편이 아닙니다. 그런 사람이 자기 이야기를 합니다. 왜 그럴까요? 자신도 똑같이 환난을 당한다는 것입니다. 바울도 그저 사람입니다. 자신이 당한 고난을 숨기거나 부인하지 않았습니다.

그러나 어떤 종류의 어려움을 당하든지 꼭 필요한 것이 있습니다. 바로 위로입니다. 어려움에 닥칠 때 누군가에게 위로받고 싶습니다. 이것은 인간의 본능입니다. 누군가 내 옆에 있어 줄 때, 누군가 나와 함께 할 때, 아무리 깊은 좌절로 넘어져도 일어날 새 힘을 얻습니다. 사람은 누구나 위로가 필요합니다. 마음이 쓸쓸하고 왠지 모르게 소외된 것 같을 때, 사는 것이 팍팍하고 도대체 아무 의욕도 생기지 않을 때, 그런 때 위로가 필요합니다. 육신의 연약함으로 고통스러울 때 마음 깊은 곳에서 요구하는 것은 사실 위로입니다. 사업이 잘 안 되고, 인간관계가 깨지고, 환경이 어려울 때도 내면 깊은 곳에서 갈망하는 것은 바로 진정한 위로입니다.

사람들은 위로를 찾아 나섭니다. 위로를 얻으려고 이리저리 기웃거립니다. 혼자가 아님을 확인하고자 어디론가 나섭니다. 위로 받고자 여기저기 헤맵니다. 어떤 사람은 한 잔 술로 메마른 심정을 축입니다. 어떤 사람은 멀리 여행을 떠납니다. 어떤 사람은 끓는 마음을 화풀이 대상에게 쏟아놓습니다. 어떤 사람은 일에 미친 듯이 몰두하고 성과를 올려 모든 시름을 잊고자 하지만 어느새 일 중독자가 되어버립니다.

그러나 세상의 그 어느 곳에도 참된 위로는 없습니다. 모두 가짜 위로입니다. 한 잔 술로 잊으려 하지만 잠시뿐입니다. 신나는 여행으로 기분전환 하지만 잠시뿐입니다. 화를 내고 소리 질러 보지만 마음이 더 무겁습니다. 일에 몰두하여 성취감으로 대신해 보지만 곧지치고 곤고합니다. 시간이 흐르면 이내 모든 것이 다 헛된 것을 발견합니다. 결국 남는 것은 실망뿐입니다.

과연 진정한 위로는 어디에 있을까요? 사도바울은 고린도교회 신자들에게 참된 위로가 어디 있는지, 그리스도인을 위로할 이가 누구인지 오늘 본문을 통해 우리에게 말해줍니다. 사도 바울은 3절과 4절에서 이렇게 말합니다. 다같이 읽어보겠습니다. "찬송하리로다 그는 우리 주 예수 그리스도의 하나님이시요 자비의 아버지시요 모든 위로의 하나님이시며 모든 환난 중에 있는 자들을 능히 위로하게 하시는 이시로다"

사도 바울은 하나님은 위로하는 하나님이라고 선포합니다. 하나님은 모든 환난 중에 있는 자들을 능히 위로하는 분이십니다. 하나님은 그 어떤 아픔이라도 위로하십니다. 하나님은 정신적으로, 영적으로, 육체적으로 고통당하는 자들을 모두 위로하는 분이십니다.

위로의 하나님을 증명하는 것이 바로 십자가입니다. 가장 높으신 하나님이 가장 낮은 몸으로 오셔서 최악의 고난을 경험하셨습니다. 그분이 위로하시지 못할 사람은 그 아무도 없습니다. 그러므로 우리는 "내 삶의 가장 밑바닥까지 내려오셔서 나의 모든 고난과 눈물을 이해하고 씻어 주시는 십자가의 능력을 경험하는 사람들"입니다. 그러므로 우리는 날마다 십자가 앞에서 하나님의 위로를 경험하는 사람들입니다.

어려움 속에서 어려움만 바라보면 어려움밖에 보이지 않습니다. 결국 어려움의 늪에 빠져 허우적댈 뿐입니다. 그리스도인은 고난을 받을 때 눈을 들어 내 옆에서 위로하시는 하나님을 바라볼 수 있습니다. 하나님은 성도의 고난을 그저 바라만 보지 않으십니다. 하나님은 우리를 나보다 더 잘 아시시에 참된 위로로 우리를 일으키십니다. 하나님은 우리의 삶 가운데 직접 말씀해주십니다. 묵상한 말씀을 통해서, 강단의 설교를 통해서, 나도 모르게 생각나는 말씀을 통해서 함께 하십니다. 함께 하는 성도들을 통해서 위로를 공급하십니다.

신앙 생활하면서 이런 경험을 많이 해 보셨을 것입니다. 하나님이 나의 아픔과 고통을 위로해주시고 나의 눈물을 닦아 주시는 경험 말입니다. 저도 그런 경험을 종종 합니다. 제가 부교역자로 있을 때였습니다. 담임 목사님과 마찰이 있었는데 성도들이 저를 오해하여 불편한 관계가 되었습니다. 사역을 시작한 지 10년 되던 해에 그런 일이 터지니 마음이 어려웠습니다. 이런 일이 앞으로 계속 있을 것을 생각하니 도무지 의욕이 생기지 않았습니다. 내가 가는 길에 스멀스멀 회의가 생겼습니다. 사역을 계속해야 될까. 이게 대체 뭔가. 자신이 한없이 작아 보이고 혼자인 것 같아 쓸쓸했습니다. 마음이 몹시 괴로웠습니다. 기도도 되지 않았습니다.

어느 날 운전하며 교회로 가는데 라디오에서 찬양이 흘러나왔습니다. "마음이 상한 자를 고치시는 주님. 하늘의 아버지 날 주관하소서. 주의 길로 인도하사 자유케 하소서. 새 일을 행하사 부흥케 하소서. 의에 주리고 목이 마르니 성령의 기름 부으소서!" 갑자기 눈물이 쏟아져 내리고 기도가 터져 나왔습니다. 한바탕 울고 기도하고 나니 모든 괴로움과 아픔이 한순간에 눈 녹듯 녹아내리는 것을 경험했습니다.

어제나 오늘이나 상황이 변한 것은 없었습니다. 그러나 그 순간 하나님이 제 속에 들어오셔서 깊이 위로하시는 것을 경험했습니다. 그 후에도 여러 번 그와 같은 일을 경험하였습니다. 한없이 좌절하고 근심하여 불안할 때 하나님은 항상 다양한 방법으로 저를 위로해주셨습니다. 염려하고 두려운 마음이 스며들 때 하나님은 언제나 신묘막측한 방법으로 할 수 있다고 일으켜주셨습니다. 저는 이런 것들이 나 스스로 결심하고 마음을 강하게 먹는다고 되는 일이 아닌 것을 잘 압니다. 위로의 하나님이 염려하고, 근심하고, 괴로워하는 자들에게 찾아오셔서 만져 주시기 때문임을 잘 압니다.

욥은 큰 환란을 당했습니다. 그러나 마침내 그 환란 가운데 하나님을 만나 하나님이 주시는 큰 위로를 받았습니다. 욥이 이렇게 고백합니다. "내가 지금까지는 하나님을 귀로만 들었더니 나는 지금까지 귀로 들은 하나님만 알고 있었는데 이제는 내가 이 환란을 통해서 하나님을 내 눈으로 보나이다" 괴로움 가운데 오히려 위로하시는 하나님을 만나게 된 것입니다. 그러자 환난이 찬양으로 바뀌었습니다.

사도 바울도 그와 같은 경험을 했습니다. 그는 누구보다 어려움과 고난을 많이 당했습니다. 사람에게 배신당하였습니다. 수많은 좌절을 겪었습니다. 죽을 정도로 매를 맞았습니다. 수고하여 사역했으나 열매가 없어 깊이 낙심하였습니다. 사도 바울은 한

마디로 사람이 당할 수 있는 모든 고난을 다 당해 본 사람입니다. 그와 같은 극심한 환란과 어려움 가운데서도 그는 언제나 하나님의 위로를 경험했다고 고백합니다. 이런 경험을 근거로 사도 바울은 하나님은 모든 환란 당한 자들을 위로하시는 모든 위로의 하나님이시라고 고백하는 것입니다.

환난 가운데 누구를 신뢰하고 의지해야 합니까? 어디에서 위로를 찾아야 합니까? 오늘 본문은 위로의 근원이며 모든 위로의 하나님이신 하나님께로부터 참 위로를 얻으라고 말합니다. 고통 중에 있습니까? 하나님의 위로하심을 경험할 수 있는 절호의 찬스입니다. 하나님을 붙드십시오, 하나님께 매달리십시오. 위로하시는 하나님을 전적으로 의지하십시오. 우리를 둘러싼 모든 어두운 장막이 걷히고 우리 앞에 새로운 소망의 빛이 비칠 줄로 믿습니다.

그러나 우리가 기억해야 할 것이 있습니다. 하나님이 단순히 위로만 하시는 것이 아니라 우리에게 새로운 능력을 주신다는 것입니다. 바울은 6절에서 이렇게 고백합니다. "이 위로가 너희 속에 역사하여 우리가 받는 것 같은 고난을 너희도 견디게 하느니라" 하나님의 위로를 받은 이후 우리에게는 어려움을 당하는 사람을 위로할 수 있는 실력이 생깁니다. 위로 받기만 하는 것이 아니라 위로하는 능력이 생긴다는 것입니다.

사도 바울은 4절에서 말합니다. "우리의 모든 환란 중에서 우리를 위로하사 우리로 하여금 하나님께 받는 위로로서 모든 환란 중에 있는 자들을 능히 위로하게 하려 함이라" 우리가 하나님께 받은 위로 때문에 위로가 필요한 다른 사람을 위로할 수 있는 사람이 되는 것입니다. 매우 놀라운 일입니다. 왜요? 하나님이 한 사람을 위로하시는 구원 사역에 우리를 사용하시기 때문입니다. 하나님께 위로 받은 경험이 있는 사람은 이제 같은 어려움을 당하는 다른 사람을 하나님처럼 위로하고 세워줄 수 있는 능력을 가지게 되는 것입니다. 우리가 하나님의 위로를 받고 난 후 이제는 누군가를 진정으로 위로합니다. 그렇게 하나님의 구원 역사에 참여하게 됩니다. 그러니 우리가 잠시 당하는 고난이 참으로 우리에게 큰 은혜일뿐만 아니라 하나님의 구원을 이루는 통로가 되는 것입니다.

고난 가운데 위로의 은혜를 맛보았다면 이제는 하나님이 주신 능력으로 다른 연약한 사람들을 위로하고 세워주는 기쁨도 맛보십시오. 고난을 경험한 사람의 마음은 다릅니다. 고난을 경험한 사람의 말은 다릅니다. 이것이 고난을 경험하고 통과한 사람이 갖는 영적인 실력입니다. 눈물 나는 상황 속에서 하늘 위로를

받은 우리가 눈물 흘리는 이웃을 위로할 때 생명의 기적이 일어
날 것입니다.

고난 가운데 위로를 구하였다면 이제는 받은 위로로 형제, 자
매를 위로하는 사람이 되시길 기도하십시오. 사랑의 섬김을 통해
위로하는 공동체가 될 것입니다. 하나님으로부터 나오는 넘치는
위로가 우리 교회 성도 여러분 모두에게 흘러넘치고 이웃에게까
지 흘러가게 될 것입니다. 위로의 하나님이 주시는 은혜와 능력
이 여러분의 삶에 충만하기를 축원합니다..

맺는 말

본 장은 고난 설교를 위한 설교학적 대안으로 구속사적 내러
티브 설교를 제안하였다.

첫째, 구속사적 내러티브 설교에 대해 정의하였다. 구속사적
내러티브 설교란 본문을 구속사적 관점에서 해석하여 하나님 중
심적 중심 사상을 발견한 후 5단계의 플롯을 사용하여 전달하
는 설교를 의미한다. 구속사적 내러티브 설교는 성경의 통일성
과 유기성, 그리고 하나님의 구속 사역을 강조하는 구속사적 해

석과 회중에게 말씀 경험을 불러일으킬 수 있는 플롯의 장점을 살리는 노력이다. 구속사적 내러티브의 설교는 구속사라는 신학에 근거를 두면서도(theolgoy-based) 청중을 지향하는(audience-directed) 통합적인 설교 방법론이라고 평가할 수 있다.

둘째, 구속사적 내러티브 설교의 준비 단계를 다루었다. 구속사적 내러티브 설교의 준비 단계는 무엇을 말할 것인가와 어떻게 말할 것인가에 도달하는 과정으로 나눌 수 있다. 첫 번째 단계는 본문 연구로서 본문 관찰, 본문 해석, 하나님 중심적 중심 사상 발견하기가 있다. 설교자는 본문 연구의 단계에서 본문을 자세히 연구하여 본문이 하나님에 대해 무엇을 말하는지, 즉 하나님 중심적 중심 사상을 찾아내야 한다. 두 번째 단계는 플롯 배열로서 플롯은 갈등, 심화, 신학적 반전, 해결, 적용으로 구성되어 있다. 구속사적 내러티브 설교는 플롯 배열을 통해 설교에 움직임과 연속성을 부여한다.

셋째, 구속사적 내러티브 설교의 실제들을 제공하였다. 여기서는 본문 연구와 플롯 구성의 자세한 과정은 생략하였다. 구속사적 내러티브 설교의 실제들을 제시함으로써 구속사적 내러티브 설교가 실제적으로 가능함을 나타내고자 하였다.

고난 설교에 대한 설교학적 논문을 찾기 위해 한국의 RISS와 남아공의 HTS, 그리고 미국의 ALTA를 검색하였다. 그러나 고난 설교에 관한 논문이나 아티클을 발견할 수 없었다. 그런 점에서 구속사적 내러티브 설교는 나름의 독창성이 있으며 앞으로 지속적인 발전 가능성이 있다고 평가할 수 있겠다. 구속사적 내러티브 설교는 구속사적 설교와 내러티브 설교의 한계를 극복할 수 있는 점뿐만 아니라 두 설교학이 가지고 있는 장점을 해석과 전달에 적용하여 설교 메시지의 정당성과 설교 전달의 효과성을 가질 수 있는 점에 더 큰 강점과 의의가 있다. 단점은 개선하고 장점은 확대하면서 현대 설교학이 당면한 문제점을 수정 보완함으로 다시 한번 설교의 부흥에 일조하는 하나의 제안이 될 수 있을 것이다.

고난설교
어떻게 할 것인가?

결론

고난은 설교에서 피할 수 없는 주제이다. 그럼에도 불구하고 효과적인 설교학적 대안에 관한 논의가 현저히 부족한 실정이다. 이 책에서는 고난 설교를 위한 하나의 방안으로 구속사적 내러티브 설교를 제안하였다. 구속사적 내러티브 설교는 다음의 사항을 주의해야 한다.

첫째, 성경의 장르 중에서 갈등이 선명하게 드러나지 않는 경우가 있다. 역사서, 복음서, 서신서와 같은 장르에서는 갈등이 명확히 드러나지만, 지혜서와 예언서와 같은 장르에서는 갈등이 분명하지 않는 경우가 있다. 이런 경우 갈등을 찾기 위해 채플이 제시한 FCF를 활용하는 것이 도움이 된다. 채플은 FCF를 좀 더 쉽게 찾기 위해 다음의 질문을 사용할 것을 제안한다.[1] 1) 본문이 말하는 바가 무엇인가? 2) 본문(혹은 본문의 배경)에서 제기하는 영적 관심사(spiritual concern)는 무엇인가? 3) 청중이 본문이 기

---

1 Chapell, *Christ-centred Preaching*, 52.

록된 당시의 사람들과 함께 공유하는 영적 관심사는 무엇인가? 이 질문을 통해 설교자는 본문에서 좀 더 쉽게 본문의 갈등을 찾을 수 있을 것이다.

둘째, 모든 고난 설교가 구속사적 내러티브 설교의 형식이 되어야 할 필요는 없다. 구속사적 내러티브 설교는 고난 설교를 위한 하나의 설교학적 대안으로서 유일한 방안은 아니다. 제아무리 훌륭한 설교 형식이나 설교 방법이라 할지라도 완전하지 않으며 각각 장점과 한계가 있어 수정과 보완이 필요하다. 설교자는 목회적 방향이나 본문의 장르에 따라 다양한 방식의 설교 형태를 적절히 취할 수 있다. 설교에서 중요한 것은 본문의 신적 저자인 하나님의 의도가 적실하게 드러나면서도 목적에 부합되는 방식으로 전달되는 것이다. 설교자는 이를 항상 염두에 두고 설교를 준비해야 할 것이다.

셋째, 고난을 설교하기 위해 설교자에게 가장 필요한 것은 청중에 대한 애정이다. 기본적으로 설교자는 하나님을 가장 사랑해야 하지만 하나님을 사랑한다면 청중을 사랑하지 않을 수 없다. 하나님의 백성인 청중에 대한 애정이 없는 설교는 결코 하나님이 기뻐하실 수 없다. 고난 설교뿐만 아니라 어떤 설교에서도 청중을 향한 애정은 우선되어야 한다. 그러므로 설교자는 신학적인 진리만 선포하는 것이 아니라 성도들의 아픔, 고민, 삶의 여러 문제, 상황과 형편을 늘 주의깊게 살펴보아야 한다. 특히 설교자가 고난을 설교할 때 청중의 상황을 더욱 깊이 가슴으로 이해할 필요가 있다. 설교자가 청중의 육체적 필요뿐 아니라 진정한 영적 필요를 인식하고 공감하며 다가갈 때 강단과 교회 공동체는 더욱 풍성해질 것이다. 설교자는 청중과 함께 울고 청중과 함께 웃어야 한다.

넷째, 고난 설교는 성령의 감화감동하심에 의해 이루어져야 한다. 설교는 성령의 능력이 부어짐을 통하여 이루어진다. 설교의 방법론이 중요한 것이 아니다. 설교자는 무엇보다 성령께서 설교 준비 과정에서부터 전달까지 역사하시도록 늘 무릎으로 기도해야 한다. 특히 고난 설교를 앞두고 맡은 양들을 위해 눈물로 기도할 때 성령께서 더 큰 은혜를 주신다. 하나님은 엎드려 기도하는 설교자를 사용하신다.

구속사적 내러티브 설교에 대하여 향후 심도 있는 지속적인 연구가 필요하다. 구속사적 내러티브 설교를 다양한 장르에 적극 활용하고 적용하여 수정되고 보완된 방안을 계속 발전시켜나감으로써 구속사적 내러티브 설교의 지평을 더욱 넓혀가야 할 것이다. 본인의 연구가 하나의 밀알이 되어 구속사적 내러티브 설교가 앞으로 계속하여 한국 교회의 강단과 공동체를 건강하고 풍요롭게 세워가는 좋은 초석이 되기를 기대해본다.